異文化接触における民族アイデンティティの役割

――自我アイデンティティとの関連から――

植 松 晃 子 著

風 間 書 房

目　　次

- 第1章　序論 ··· 1
  - 1.1　はじめに ··· 1
  - 1.2　なぜ，異文化でアイデンティティが問題になるのか？ ············ 2
  - 1.3　異文化適応をいかにとらえるか ································· 16
  - 1.4　本研究の仮説 ··· 20
  - 1.5　本研究の構成 ··· 23

- 第1部　尺度作成と要因の探索的検討 ································· 29

- 第2章　異文化適応感尺度の作成 ··· 31
  - 2.1　研究1　問題と目的 ··· 31
  - 2.2　方法 ··· 32
  - 2.3　結果 ··· 35
  - 2.4　考察 ··· 38

- 第3章　異文化適応感の関連要因の検討 ································ 39
  - 3.1　予備調査 ··· 39
  - 3.2　研究2　異文化適応感の関連要因の検討 ······················ 44

- 第4章　民族アイデンティティ尺度の作成 ····························· 63
  - 4.1　研究3　問題と目的 ··· 63
  - 4.2　方法 ··· 64
  - 4.3　結果 ··· 66
  - 4.4　考察 ··· 69

第2部 仮説に対する実証研究 …………………………………75

第5章 民族アイデンティティの顕在化の検討 ……………77
5.1 異文化において民族アイデンティティは顕在化するのか？ ……77
5.2 研究4　異文化における民族アイデンティティ：
国内学生との比較検討 ……………………………………78
5.3 研究5　異文化における民族アイデンティティ：
縦断調査と質的検討 ………………………………………81
5.4 全体的考察 …………………………………………………112

第6章 民族アイデンティティと自我アイデンティティの関係 ……115
6.1 研究6　民族アイデンティティは自我アイデンティティに
どのように関わるか ………………………………………115
6.2 研究6　分析6-1　民族アイデンティティと
自我アイデンティティの関係：比較検討 ………………116
6.3 研究6　分析6-2　民族アイデンティティと
自我アイデンティティの関係：質的検討 ………………125
6.4 全体的考察 …………………………………………………146

第7章 異文化適応における民族アイデンティティの
役割モデルの検討 …………………………………………149
7.1 研究7　民族アイデンティティは異文化適応にどのような
役割を持つのか？ …………………………………………149
7.2 研究7　分析7-1　日本人留学生による
民族アイデンティティ役割モデルの検討 ………………150
7.3 研究7　分析7-2　民族アイデンティティ役割モデルの
適合度の検証 ………………………………………………157

7.4 研究7　分析7-3　国内学生との比較による
民族アイデンティティ役割モデルの検討 ……………………159
7.5 全体的考察 ……………………………………………………168

第8章　総括的討論 …………………………………………………171
8.1 3つの仮説に対する本研究からの回答 ……………………171
8.2 異文化における心理的サポートへの提言 …………………180
8.3 今後の課題 ……………………………………………………185

引用文献 ……………………………………………………………………187
初出一覧 ……………………………………………………………………195
Abstract ……………………………………………………………………197
謝辞 …………………………………………………………………………201

第 1 章 序論

1.1 はじめに

　2006年度，海外在留邦人数は106万人を越え（外務省領事局政策課編, 2007），海外の大学・大学院に留学する日本人学生は，2004年には約8万3000人となりピークを迎えた（文部科学省, 2012）。海外渡航者の増加に伴い，近年では海外滞在者のメンタルヘルスの必要性（阿部, 2001）や異文化間カウンセリングが注目されている（白土, 2004）。稲村（1980）は海外で生活する日本人の不適応現象を調査し，駐在員や旅行者に比べ，留学生に最も不適応が多いと指摘している。また11年に渡る精神科臨床の累計結果[1]では，留学生の受診が全体の約26％を占め，最も多い割合であった（鈴木・立見・大田, 1997）。大学では様々な留学プログラムを促進し，世界で活躍できる人材を育てることに再び注目が集まっている。そこで本論文では，日本人留学生を対象とし，異文化での心理的サポートの要因を明らかにしたいと考えた。

　山本（1984）はバイカルチュラルな生育歴を持つ青年が自分の存在が社会に根付くところを求めて迷走した例から，アイデンティティの葛藤を異文化での心理的不適応の鍵概念とした。アイデンティティの問題は，自分の存在を確認する必要に迫られる際に特に重要になるとされるが（黒木, 1996），栗原（2004）は，学校専任のカウンセラーとして，700人以上の帰国子女と外国人生徒，及び国際結婚をした両親の子ども達との面接を通して，異文化接触は否応なしに自分のアイデンティティを意識させられる状況であると指摘

---

[1] パリ地区における病院及び医療相談室で11年間にわたって調査された18歳以上の日本人613名の症例による。

する。異文化における心理的サポートの問題を考える場合，アイデンティティの問題は避けて通れないと考えてよいだろう。

1.2 なぜ，異文化でアイデンティティが問題になるのか？

海外に滞在する人々への心理的サポートを考える際，アイデンティティの問題を検討することは重要なポイントになる（山本, 1984；栗原, 2004）。アイデンティティは平たく言いかえれば"我とは何ぞや"という問いに端を発する，実存についての自覚である。では異文化ではなぜ，このような"我"について問う心理状態が生じやすいのだろうか。先行研究では異文化におけるアイデンティティの問題の重要性は指摘されてきたものの，なぜ重要になるのかという考察はまだ十分ではないように思われる。

本節では Erikson, E. H. によって提案された初期のアイデンティティ概念をもう一度整理し，なぜ異文化環境でアイデンティティに焦点が当たるようになるのか検討する。

1.2.1 アイデンティティ理論再考

初期の理論的枠組み　アイデンティティという心理的概念を提案した Erikson, E. H. は精神分析の訓練を受けたサイコセラピストであり，アイデンティティ概念を導き出した理論的背景には，自我心理学がある[2]。よって精神分析の提唱者である Freud, S. が，構造論（topography[3]）で提唱した心的装置（psychic apparatus）のうち，精神内の秩序を維持しようとする自我の機能を積極的に捉えようとしている。そして Freud の心理性的な（psycho-sexu-

---

[2] 自我の働きのうち，超自我やエス，および外的環境との葛藤を解決し安定をはかろうとする受身的な防衛的自我とは区別される，それらの葛藤に巻き込まれない主体性をもった自律的な自我を提唱し，自我を人格の中枢機関としての概念として位置づけたもの（心理臨床大辞典, 1992）

[3] 人の心の構造をエス（欲動）es，自我 ego，超自我 super-ego の働きによって捉えようとした理論

al）発達理論を，社会・文化・時代と関わりながら発展していく心理社会的な（psycho-social）発達理論として発展させ，自我機能の発達を基底に据える個体発達分化図式（epigenetic chart）を提案した（Erikson, 1963）。この図式の中で，アイデンティティは主に青年期の発達課題であるとされる。

　自我はいかにしてアイデンティティを構成していくのだろうか。Erikson（1959）は，いわゆる規範としての超自我は，個人が生まれた社会がもつ文化や歴史，理想など，ある集団が経験を組織化する基本的な枠組みである集団アイデンティティ（group identity）を内包するものとし，躾などを通して自我に組織化されるとした。この集団アイデンティティの働きによって，人は自分自身を社会的現実の中で適応的に運営していくことができるようになり，所属する集団における一成功例としての自分を感じ，またその集団の社会的現実の中で定義されている方向に成長しつつあるという，生き生きとした現実感を伴う確信を持つことになる。そして，このような主体的な実感が，特に自我アイデンティティ（ego identity）と定められた（Erikson, 1959, p. 20）。

　つまり Erikson のアイデンティティ概念は，社会集団が持つ自分の経験を意味づけ，価値付ける枠組みに支えられる実感としての集団アイデンティティと，斉一性・連続性を持った主体的な自我の統合感覚である自我アイデンティティとの相互補完作用（mutual complementation）を内包していた。Erikson は，人は心の中に内なる社会と内なる個を持つことを，精神内の秩序を保とうとする自我の機能を基盤に，集団アイデンティティと自我アイデンティティという概念を用いてシステマティックに示して見せたのである。

　Figure 1-1 では，集団アイデンティティと自我アイデンティティの関係について，先述した Erikson（1959）の記述をもとに要因間の図示を試みた。様々な社会的現実が集団アイデンティティを経て取り入れられる。一方の機能が弱まった時にはもう一方が動くことで互いの機能を支えるという，相互に補完しあう関係を表した。

　また，集団アイデンティティは，ある集団が持つ個人の経験を組織化する

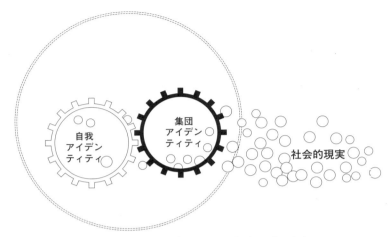

Figure 1-1　アイデンティティ概念の成り立ち

枠組みを内包するが（Erikson, 1959），個人が生きる社会的文脈を反映する集団は国家，文化，民族のようなマキシマムなものから，仲間や家族集団などミニマムなものまでを含むと思われる。最近では，個人の「集団体験の総和」として，家族集団から始まる集団アイデンティティの発達段階が提案されている（橋本, 2008）。すなわち個人が所属する集団が様々ある中で，集団アイデンティティは様々な下位集団を持つ概念であると考えられる。

　以上のような考察から，本研究では，集団アイデンティティは「自分の経験を組織化（e.g., 意味づけ・価値付け）する機能を内包する，様々な社会集団に支えられる実感」と定義し，自我アイデンティティは「斉一性・連続性を持った自分が社会の中に適応的に存在しているという心理社会的で主体的な実存感」と定義する。そしてこれらを，一般に心理学で用いられるアイデンティティ（人格的アイデンティティ：personal identity, Erikson, 1959）概念を構成するサブシステムと考えることとした（Table 1-1）。

発達心理学的観点との共通点・相違点　アイデンティティの概念は，Eriksonがこれらの関係を提唱してから現在までの間に，自我アイデンティティ

Table 1-1　集団アイデンティティと自我アイデンティティの定義

集団アイデンティティ	自分の経験を組織化（e.g., 意味づけ・価値付け）する機能を内包した，様々な社会集団に支えられる実感
自我アイデンティティ	斉一性・連続性を持った自分が社会の中に適応的に存在しているという主体的な実存感

と集団アイデンティティの相補性の視点からはあまり論じられなくなった。アイデンティティの概念はEriksonが傷病兵の臨床場面の中で「自分が何者であるかわからない」というような，明らかに自己の斉一性や連続性，社会的役割の実感を喪失したアイデンティティ混乱の症例（i.e., 根こぎ感[4]）（up-rootedness); Erikson, 1968）から発見されたものである。Eriksonの提案した概念（特に初期の概念）は，自我という精神内の恒常性を保とうとする心の働きを基礎におく。自我は我々の精神内で不連続が生じたときに，経験の一貫性と独自性を守ろうとする調整機能を持つものとされ，それゆえに「アイデンティティの鍵となる問題は，変化し続ける人生に直面する中で斉一性と連続性を維持する自我の能力である（Erikson, 1964, p. 96)」とされていた。だが鑪（2002）が指摘するように，青年期の発達課題として位置づけられ発展していく際に，発達課題としてのアイデンティティ理論の一般化が進んだ。したがって研究対象は臨床例から一般の健康的な青年に移り，臨床例の理解に有効であった自我の機能を基盤にした力動的な定義は，次第にこの分野のテーマからは離れていったのだと思われる。

　ただし発達心理学におけるアイデンティティ研究は，いうまでもなくアイデンティティとそれを形成する要因となる様々な「文脈（context）」の重要性を指摘している（Phinney & Goossens, 1996）。例えば杉村（1998）は，アイデンティティの形成について他者との関係性の観点から論じ，特に身近な他

---

[4] 根をつけたまま草木を引き抜く「根扱ぎ」（大辞林，1995）の感覚を意味する。自分の存在を証明するものを失ってしまったような行き場のない，根無し草のような不安定さに象徴され，喪失経験や災害による生活環境の崩壊時などにも経験されることがある。

者との関係性をアイデンティティ形成の文脈として重視し，自己と他者との関係のあり方がアイデンティティであるというパラダイムを提案した。他には，例えばアメリカ文化で重視された宗教の問題が日本ではさほど重要ではなかったように（無藤, 1979），アイデンティティ形成要因として文化的・社会的背景の影響が明らかにされており，青年期の延長といった今日のライフサイクルの変化や社会変動がアイデンティティのあり方に及ぼす時代的背景の影響も指摘されている（岡本, 1995）。

このように個人が生活する文化・社会との関わりや，自他の関係のような「文脈」の影響を重視する観点と，心理社会的な人格の発達を概念化した初期の Erikson のアイデンティティの捉え方は矛盾しないだろう。しかし，発達心理学的観点でアイデンティティが論じられる場合，文化・社会的背景や時代的背景，重要な他者との関係といった「文脈」は，厳密には個人のアイデンティティという内的な心理構造の外側にある要因になっている。一方，Erikson の初期のアイデンティティ概念では文化・社会的背景を自我によって内在化した集団アイデンティティという，内的な要因に位置づけられるだろう。それが内なる社会として，自我アイデンティティと相補的な関係を持つと考えられる。

異文化接触がアイデンティティに与える影響　異文化ではアイデンティティについて問うような心理状態が生じやすくなり，葛藤や不安定さといった問題が生じやすいとされる（e.g., 黒木, 1996；栗原, 2004）。

異文化でのアイデンティティの問題について Erikson の初期の観点からみると，異文化への移行は，自我アイデンティティの実感に欠かせない準拠枠としての集団アイデンティティに何らかの揺らぎを引き起こすのではないだろうか。Erikson（1964）は"根こぎ感（up-rootedness）"としてアイデンティティの揺らぎを名付けているが，社会から切り離され，自分の「根」を失うことによる集団アイデンティティの喪失感は，自我アイデンティティを弱め，拠り所の無い不安感を引き起こす可能性があり，ひどい場合には自分が自分

でないような心理的な混乱が起きることになる可能性がある。

　つまり異文化環境へ移行することは，それまで生きていた社会から別の社会への移行であり，同時に自分の経験を組織化する枠組みからの移行である。したがって様々な社会集団に支えられる実感としての集団アイデンティティが不安定になり（一側面もしくは全体的に），それによって"我とは何ぞや"と自らのアイデンティティを問う機会が増えたり，場合によっては葛藤や不安定さといった問題を生じさせたりするのではないだろうか。

青年期のアイデンティティ発達と異文化接触　Erikson (1963) が提案した個体発達分化図式（epigenetic chart）は，人間の全生涯を展望しており，対角線によって自我の心理社会的成長（psychosocial gains）の標準的順序が示される（Table 1-2）。各段階には対で記された心理社会的危機が示されているが，この心理社会的危機とは「危険」といった否定的な意味ではなく「分岐点」や「峠」を意味し，人生を通じて次々と展開する発達のための契機として捉えられるものである（鑪, 2002）。

　そして対角線の下部には各段階の前兆，上部には成長による派生物（derivative）や成長の変形を示す余地が示されていることも大きな特徴である。したがって各段階によって得られる成長の発端は，生まれた時から始まり，そして生涯繰り返されるテーマにもなる。よって，アイデンティティは青年期だけの問題ではなく，幼いころから育まれ続けるものである。例えば，乳児期の危機とされる基本的信頼が示すような，養育者との安定した交流の中で体験される，経験の一貫性や連続性・斉一性は自我アイデンティティの実感の原始的な形とされる（Erikson, 1963）。

　ただし，青年期以降に獲得されるアイデンティティは，青年期以前とはやはり質が異なる。青年期には，身体的成熟を契機にごく自然にそれまでの斉一性と連続性が揺らぐ（Erikson, 1963）。すなわち青年期とは，自然な発達プロセスとして，根こぎ感（up-rootedness）が起きるのである（Erikson, 1963）。そしてこの時期に，青年期以前に獲得した社会的役割や技術を，例えば職業

8　第1章　序論

Table 1-2　個体発達分化図式（Erikson, 1950）

	I	II	III	IV	V	VI	VII	VIII
Ⅷ円熟期 （老年期）								目我の統合 対 絶望
Ⅶ成人期 （壮年期）							生殖性 対 停滞	
Ⅵ成人期前期						親密さ 対 孤独		
Ⅴ思春期・ 青年期					アイデンティティ 対 アイデンティティ 拡散			
Ⅳ潜伏期 （児童期）				勤勉 対 劣等感				
Ⅲ性器期 （幼児期後期）			自発性 対 罪悪感					
Ⅱ肛門期 （幼児期前期）		自律 対 恥・疑惑						
Ⅰ口唇期 （乳児期）	基本的信頼 対 不信							

が代表的に表すような将来展望の中にどう結び付けるのかといった問題に直面することで，いわば新しい斉一性と連続性をもったアイデンティティを求めることになるとされる（Erikson, 1963）。また青年期には認知発達が著しい。メタ認知の発達により，自分の認知過程をモニターし，メタ認知的な知識として自分の能力や知識に関する知識も増え，自己意識の一部を形成するようになる（楠見, 1995）。このような能力の発達は，アイデンティティの危機を促すかもしれないが，その再構成を助けるものでもあるだろう。近年では悩みの少ない穏やかな青年期の存在も指摘されるところではあるが，少なくと

も青年が"我とは何ぞや"と問う時，青年期以前のアイデンティティに比べ，より意識的・自覚的な再構成のプロセスがあると思われる。例えば，横田（1997）は青年期の留学がもたらす心理的影響を考察したが，大学生は高校生に比べて留学先で自分がマイノリティであることを強く意識し，日本に生活していた時と対比させ，その葛藤からもう一度自分を捉えなおす作業が進むという。「主観と客観を往復し，それによって認識枠組みを主体的に作りなおす」ことが始まるのは，同じ異文化体験の中でも大学生によく見られるのである（横田, 1997）。

さらに青年期は自分にとって重要だと思う集団（e.g., 社会階層，国，文化）の持つ力が心理的な支えとして意味のあるものになる時期であるとされる（Erikson, 1964）。「十分に確かなものとなったアイデンティティは，文化がもつ基本的な価値をアイデンティティ自体に配置（p.93）」しており，それゆえ大きな変化でも揺るがない強さをもつようになる。このように，特に青年期において自我アイデンティティと集団アイデンティティの相補的な結びつきが重要になると考えられる。

本研究が対象とする留学生（大学生・大学院生）はほとんどが青年期に該当すると思われる。先に異文化接触がアイデンティティに与える影響について考察したが，異文化接触の時期と，発達課題としてのアイデンティティ獲得の時期が重なることは，精神内の安定を保とうとする自我の機能に国内生活以上の負担をもたらす可能性は捨てきれない。このような点から，日本人留学生のアイデンティティのあり方を集団アイデンティティと自我アイデンティティの理論的枠組みをもとに検討しておくことが重要であると考えた。

1.2.2　異文化において重要な集団アイデンティティとはなにか？

前節で，集団アイデンティティが異文化接触によって揺らぐ可能性について述べた。異文化接触とは，それまで過ごしてきた社会集団と異なる特徴を持つ集団に触れることであり，両者の差異が大きいほど，かつて属していた

社会集団との違いを浮き彫りにする可能性がある。

前節で，集団アイデンティティは「自分の経験を組織化する機能を内包する様々な社会集団に支えられる実感」として定義した。集団アイデンティティは様々な下位集団を持つと考えられるが，異文化接触を契機として特に重要になる社会集団とはどのようなものだろうか。

先行研究では，複数の文化・民族圏で生活する際には，特に文化や民族に関わる集団アイデンティティが重要になるとされ（Phinney, 1990；井上, 1993），代表的なものに民族アイデンティティがある。民族アイデンティティは民族集団に対する所属意識（people hood）が基点になっており（Phinney & Ong, 2007），多民族・多文化社会におけるマイノリティ青年にとって重要なものとされている。

民族アイデンティティは社会学，文化人類学，社会心理学，発達心理学など様々な領域で検討されており，幅広い概念として多義的に扱われている（Phinney, 1990）。本研究では異文化接触時に焦点が当たる集団アイデンティティの側面として，この民族アイデンティティに注目し，Eriksonの定義する集団アイデンティティの下位概念と考えたい。したがって本研究では，民族アイデンティティを「自分の経験を組織化（e.g., 意味づけ・価値づけ）させる機能を持つ民族性に支えられる実感」と定義する（Table 1-3）。

民族アイデンティティ研究の発展　集団アイデンティティと自我アイデンティティの関係からみるならば，民族アイデンティティが重要になるのは，青年自身が自分の民族集団を重視し集団アイデンティティの1つとして機能させている場合である。多文化・他民族社会のアイデンティティ発達研究では，マイノリティ青年の民族アイデンティティが注目されてきた。もともと社会

Table 1-3　民族アイデンティティの定義と構成要因

民族アイデンティティ	集団アイデンティティの下位概念であり，自分の経験を組織化（e.g., 意味づけ・価値づけ）させる機能を持つ民族性に支えられる実感

的なマイノリティの青年は，アイデンティティ発達において困難があるとされていた（Chethik, Fleming, Mayer, & McCoy, 1967; Erikson, 1968）。彼らは否定的なステレオタイプや虐げられた社会的イメージの中で生きるため，適応的なアイデンティティ発達に必要な集団アイデンティティを機能させ，それと関連する自我アイデンティティの感覚を獲得することが難しかったのだろう。しかし1960年代の公民権運動の広がりとともに，民族アイデンティティのあり方に焦点が当たり，社会的マイノリティの青年を対象とした研究が盛んになった（鑪・山本・宮下, 1984）。

よって初期の民族アイデンティティ研究は，アフリカ系アメリカ人など特定の民族集団を対象とし，アイデンティティの性質（e.g., Dizard, 1970; Rice, Ruiz, & Padilla, 1974）や構成要因（e.g., Bourhis, Giles, & Tajfel, 1973; Taylor, Bassili, & Aboud, 1973），自分の民族性を内在化する過程としての発達的変化（e.g., Cross, 1971; Molliones, 1980; Parham & Helms, 1985）を明らかにすることに焦点が当っていた。

しかし近年，Phinney（1990）が，民族の枠を越えた普遍的な民族アイデンティティ発達モデルを提案した。このモデルではMarcia（1966）によるアイデンティティ・ステイタス研究の基準が応用されている。

Marcia（1966）の研究では，青年期のアイデンティティにおける自覚的，意識的な性質に焦点を当てている。そしてその状態を明らかにするために，自己定義について再構成が必要になる「危機」と，アイデンティティの問い直しを追及する「積極的関与（コミットメント）」という概念を用いた。これらの2つの基準の有無によって，アイデンティティの再構成が自覚的な経過を経て獲得されたものかどうかを判断しようとしている。Phinney（1990）の民族アイデンティティ発達モデルでは，自分の民族性を問い直す危機を経て生じる(1)自分の民族性の「探索（exploration）」と(2)自分の民族性への「愛着・所属感（affirmation/belonging）」を構成要因として取りあげて，より自覚的な民族アイデンティティのあり方を明らかにしようとしている。また，

Marcia（1966）では，積極的関与を行う領域として，「職業」と「政治的イデオロギー」，「宗教的イデオロギー」を定めたが，Phinney（1990）では自分の「民族性」の領域に置き換えた形をとっている。そして Marcia（1966）のアイデンティティ・ステイタス研究と，マイノリティ青年の民族アイデンティティ発達（e.g., Cross, 1978）に関する先行研究の知見を統合し，民族集団を問わない包括的な民族アイデンティティ発達モデルとした。

民族アイデンティティ発達モデルの各段階は，Marcia（1966）によるアイデンティティ・ステイタスの分類をもとに提案されている。拡散（diffusion）と早期完了（foreclosure）の段階として「民族アイデンティティ無検討（unexamined ethnic identity）」があり，自分の民族性に関する危機はなく，したがって意識も探索もなされていない段階とされた。そして危機を経たモラトリアム（moratorium）の段階として「民族アイデンティティ検索（ethnic identity search）」がある。これは，自分の民族性の持つ意味を理解しようとする探索に関与する段階である。そして最終段階のアイデンティティ獲得（achievement）に該当するものとして「民族アイデンティティ獲得（achieved ethnic identity）」があり，自分の民族性に対する安定した明確な確信が獲得される（Phinney, 1990）。この発達モデルを提案した後に，構成要素である「探索」と「愛着・所属感」を下位構造に持つ民族アイデンティティ尺度が作成され（Multigroup Ethnic Identity Measure; MEIM: Phinney, 1992; Phinney & Ong, 2007），以降この尺度による民族アイデンティティ研究が広く行われている。

民族アイデンティティと自我アイデンティティの関係　MEIM を用いた研究の多くで，マイノリティ青年の民族アイデンティティ得点は，マジョリティ青年のそれと比べて有意に高いことが明らかになっている（Phinney, 1992; Roberts, Phinney, Masse, Chen, Roberts, & Romero, 1999; Weisskrich, 2005）。これらの結果は，マイノリティ青年がマジョリティ青年より自分の民族性を明確に意識していることを示しており，彼らにとって民族アイデンティティが重

要な集団アイデンティティの一側面として機能していることを示唆する。

　精神的健康度や自尊心は，自我アイデンティティとの関連が明らかな要因であり，マイノリティ青年の民族アイデンティティは適応感や自尊心，抑うつ感などとの関連が明らかになっている（Yip & Fuligni, 2002; Lee & Yoo, 2004; Poyrazli, 2003; Yasui, Dorham, Dishion, 2004; Ong, Phinney, & Denis, 2006）。民族アイデンティティと自我アイデンティティとの関連を見た研究（Phinney, 1989）では，民族アイデンティティについてのインタビューデータから分類した民族アイデンティティ・ステイタスを用い，自我アイデンティティを測る尺度（Rosenthal, Gurney, & Moore, 1981）の得点に差が見られるかを検討した。結果，民族アイデンティティ・ステイタスが高い「民族アイデンティティ獲得群」は，もっとも，自我アイデンティティの得点が高いことが明らかになった。すなわち「民族アイデンティティ獲得」が示す，自らの民族性に対する積極的な関心や，明確な所属感及び肯定的な感情を持っていることが，より明確で安定した自我アイデンティティの状態に関連していた。これらの研究結果を，集団アイデンティティと自我アイデンティティの関係から考えると，自分の民族性に対する肯定感や積極的な関心を持っていることは，自我アイデンティティを支える可能性があるといえる。

　ただしほとんどの先行研究は民族アイデンティティを総合得点で扱っている。Phinney（1989）の研究は，「探索」と「愛着・所属感」の組み合わせによって評定されたステイタスを用いているが，構成要因の質的な違いがどのように適応感や自尊心，及び自我アイデンティティに関連しているのかは明らかにしていない。したがって，民族アイデンティティが心理的健康に重要な要因であることは分かっても，どの側面がどのように他の心理的適応の要因と関連しているのか明確ではない。「探索」と「愛着・所属感」はどちらも自分の民族性を意識して初めて明らかになるものだが，性質の異なる要因であり，構成要因ごとに関連する要因との関係を明らかにする必要がある。特に「探索」は自分の民族性の価値や社会的な意味を積極的に探ろうとする

ことを示しており，青年期の特徴である自覚的な民族アイデンティティの指標とされる。よって青年期の特徴を検討する際には重要な要因になると思われる。

またこれまでの民族アイデンティティ研究では，本研究で注目する集団アイデンティティと自我アイデンティティの関係を基盤にしたものは少ない。しかし過去には，集団アイデンティティと自我アイデンティティの関係から民族アイデンティティを見て，バイカルチュラルな環境で生じた精神疾患の原因を検討した事例研究がある（延島, 1963）。また，病理的な集団アイデンティティと自我アイデンティティの相互作用から脱却するために，集団精神療法によって修正的な集団アイデンティティを得ることにより，自我アイデンティティの模索が始まる可能性を示した治療モデルが提案されている（橋本, 西川, 河野, 1999）。したがって集団アイデンティティの一側面である民族アイデンティティと自我アイデンティティの関係を検討することは，心理サポートの要因を検討する際に有意義であると考えた。

日本人青年の民族アイデンティティ　日本人青年の民族アイデンティティについての研究は少ないが，国内の日本人青年は，先行研究におけるマジョリティ青年と同じように，民族アイデンティティの「探索」も「愛着・所属感」も低い群の特徴を持っていると思われる（e.g., Phinney, 1989; Roberts et al., 1999）。つまり，国内の日本人にとって自分の民族アイデンティティはほとんど無自覚なもので，重要な集団アイデンティティの一側面にはなっていないだろう。しかし多くの日本人青年にとって，海外留学すなわち異文化体験は，文化的移行であると同時にマジョリティからマイノリティへの属性移行を伴うと思われる。そしてこれらの移行は，日本人青年に自分の民族・文化的なバックグラウンドからなる民族性への焦点化を促し（i.e., Phinney, 1990；井上, 1993），民族アイデンティティを重要な集団アイデンティティの一側面として意識するようになるのではないだろうか。つまり異文化接触とマイノリティへの属性移行によって，それまで沈潜していた民族集団への意

識が顕在化し，民族アイデンティティが自覚されるようになる可能性がある。

　Figure 1-2は，集団アイデンティティの一側面としての民族アイデンティティと自我アイデンティティの関係を図示したものである。異文化への移行によって，個人が属している集団への所属感覚（「自分は日本人である」）として民族性を意識するようになった場合，それがきっかけとなって民族アイデンティティが集団アイデンティティの一側面として顕在化するのではないだろうか。そしてマイノリティ青年の民族アイデンティティと同じように，自我アイデンティティと相補的な関係を持ち，自我アイデンティティを確かなものにする要因になるのではないだろうか。

　民族アイデンティティが顕在化することが，異文化接触時の集団アイデンティティの揺らぎとして体験されるならば，心理的安定のリスクにもなるだろう。実際に，海外移住を契機として母国とその文化を失うことへの"根こぎ感"が生じ精神的な危機を招いた事例が報告されており，民族アイデンティティの混乱がこの危機の理由として考察されている（江畑, 1982）。一方，多くの African-American の研究において，マイノリティ青年が肯定的な民族アイデンティティを持てることは，彼らがより肯定的な自己概念の形成を

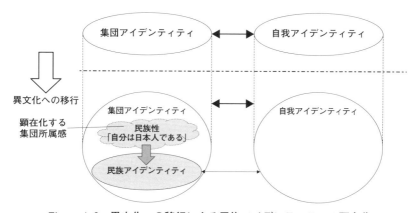

Figure 1-2　異文化への移行による民族アイデンティティの顕在化

可能することがわかっている（村山・山本・小松・鈴木, 1995）。また民族アイデンティティ尺度（MEIM; Phinney, 1992）を用いた先行研究でも民族アイデンティティと自我アイデンティティの関連が示唆されており，民族アイデンティティが自我アイデンティティを支える働きを持つ可能性がある。

　日本人青年の民族アイデンティティは，もともと多文化・多民族社会に生きる青年のそれと異なり，異文化接触によって顕在化する可能性があり，先行研究からはリスク要因になるのか，サポート要因になるのか判断しかねる部分がある。異文化に移行する際の彼らの民族アイデンティティを自我アイデンティティとの関連から見ていくことで，この点を明らかにできるだろう。したがって，本研究では日本人青年の民族アイデンティティを，異文化における心理的要因として，自我アイデンティティとどのように関連しているのかを明らかにしたいと考える。

1.3　異文化適応をいかにとらえるか

　前節までは異文化における日本人留学生の問題として，アイデンティティの問題を検討してきた。日本人は島国という比較的安定した文化的・民族的な構造の中でマジョリティとして生活しており，先行研究では滞在先の文化に適応しにくいことが指摘されている（中根, 1972；上田, 1977；近藤, 1981）。また留学生特有の不適応現象の原因についても，現地での言語，勉学が容易でないといった問題が考察されている（稲村, 1980）。よって本研究では，異文化での心理的要因として民族アイデンティティを検討していくために，心理的健康の指標として，異文化適応に注目する。

　異文化適応とは，2つの異なる文化間の交流による文化的態度・価値観・行動の変化を広く扱う概念である（Phinney, 1992）。適応という概念自体が幅広いものであり，そのため異文化適応の定義も研究によって異なり統一されたものはない（高井, 1989；田中, 1995；Phinney, 1992）。また異文化適応は異文

化接触の過程で生じるものだが（Berry, 1992），一口に異文化接触といっても，広義にはメディアを媒体としたものから実際の経験まで様々な状況が存在し，先行研究における適応の指標も様々である。佐藤（1999）は海外渡航の動機と滞在期間の組み合わせにより「旅行者」から「難民」までのタイプ分類を行っているが，このようなタイプによって異文化接触の質が大きく異なるため，心理的負担の大きさや課題の内容が異なるといわれている。適応のような多義的な概念は，研究対象や研究分野によって定義が異なって然るべき点があるが，本研究では異文化適応をどのように位置づけるか，最初に明らかにしておく必要があるだろう。

そこで，はじめに本研究における異文化適応の定義を行い，異文化適応の指標を明確にするとともに，対象となる日本人留学生の適応領域について整理する。

1.3.1 異文化適応の定義

山本（1986）は人間－環境相互交流論の立場から異文化適応を捉えている。その中で異文化適応は，環境移行に伴う相互作用的な変化として定義される。そしてここでいう異文化への環境移行とは「人間－環境システムの危機的移行」の1つとして考えられている。この「危機的移行（critical transition）」は，入園，結婚，疾病，転職，退職，引越し，移民など人生のあらゆる側面で生ずる，環境の物理的，対人的，社会文化的側面に対して，個人がそれまでに用いてきた相互交流の様式が通用しないような移行であり，人間－環境システムの混乱状態が非常に強く経験される状況である（山本・ワップナー，1991）。

「カルチャーショック」（Oburg, 1960）は異文化接触に伴う問題として代表的な概念だが，異文化で慣れ親しんだサインやシンボルを失うことで生ずる不全感・欲求不満などを表すものである。この「カルチャーショック」の概念は，異文化への移行という「危機的移行」の状態として考えることができ

る。

　人間―環境相互交流論において，生活体としての人間はそもそも目標思考的であり，それを背景として環境内に定位するよう動機づけられている。つまり，目標や目的にしたがって，環境を構造化し，環境と相互作用を行う。新しい環境への適応のプロセスは一定の方向性を有することが仮定されているが，それは「増大する分化（increased differentiation）」と「階層的統合（hierarchic integration）」とされる。このような未分化な状態から分化―統合を経るプロセスの中で，新しい環境を構成する諸側面の認識が統合され，次第に環境全体が把握され「均衡化」の状態に至る。また相互作用的な視点によれば，主流文化への全面的な同化をもって異文化適応の完了としない。適応とは，自文化と滞在国の文化を様々に捉え直しながら自らに再構成していくことなのである（吉，2001）。

　以上の点から，本研究においては異文化適応における理論的枠組みとして「人間―環境相互交流論」を用い，異文化適応とは，文化的背景を基盤とした社会システム上の機能不全感や情緒的違和感を解消するために，主体的な生活者としての人間が環境と相互作用しながら，「未分化」な状態を「分化―統合」し「均衡化」の状態を作り出していく，人間―環境システムの再構成であると定義する。

1.3.2　異文化適応の指標

異文化適応感への注目　前節では，カルチャーショックなどの文化移行による混乱状態においては，人と環境の相互関係が「未分化」な状態であること，それらは主体的で目標を持った人と環境のかかわりの中で次第に整理され，やがて両者の相互関係が再構成されて「均衡化」の状態に至るという適応のプロセスを整理した。心理的健康の指標としては「均衡化」の状態を表すものとなるが，本節では，この状態をいかに測るかについて検討する。

　従来の適応の指標は社会システム理解，言語の獲得度合いなどを用いてい

た（Ann・堀江・近藤・Kay・横田, 1997；佐野, 1998）。社会的行動の型や特性をどれぐらい身につけているかという基準は，滞在国で生活する助けになるスキル習得を明らかにするためには有効だが，新たに移行した環境から求められるものだけを異文化適応「均衡化」の指標として用いることはやや限定的である。また，どれほど身に付けたいのかというような本人の認識を加味できないため，本研究のような研究では限界があると思われる。

また「ホスト国へのイメージ」（岩尾・萩原, 1977, 1978, 1979, 1987, 1988a, 1988b）や「ホスト国への態度」（山崎, 1993, 1994；山崎・平・中村・横山, 1997）を指標として用いた，一連の外国人留学生のための研究がある。ホスト側へのイメージや評価が良いことは，個人と環境の相互作用を円滑にすると思われるため，適応の要因として重要だが，新しい環境へのイメージや評価が良いことを，そこで生活する自分と環境の相互関係のバランスが再構成されている「均衡化」の状態の指標として用いることが妥当かどうかは疑問が残る。

モイヤー（1987）は異文化適応理論における共通性を含んだものとして，心理的側面での違和感を内包する「心理的ストレス」に注目している。新しい環境への移行で感じる心理的なストレスは，個人と環境の「未分化」な関係から生じる反応を示すものとして，共通の心理状態であると考えられる。そしてその対極にある心理状態とは，満足感や充実感などにみられる心理的ストレスの少ない心理状態を示すものになるだろう。早矢仕（1999）は主観的評価・情緒的反応による「適応感」を用いて異文化適応をとらえている。環境と相互作用する主体者の主観的評価を用いることは，新しく移行した環境の中で相互作用のバランスが再構成された適応の状態を測る共通の指標として有効であろう。

日本人留学生の適応領域と尺度の問題　次に，日本人留学生にとってどのような領域の適応感が重要とされているか考察する。先行研究では留学生の適応領域は多元的であると指摘されている（Bochner, 1972）。田中（1998）は，来日した外国人留学生を対象とした調査において，実際に留学生相談に寄せ

られたテーマの分類に基づき，領域の多元性を指摘している．また上原 (1988) は，同じく外国人留学生を対象に，彼らの統制群として日本人学生にも大学生活での適応の問題を調査し，そこで外国人留学生に特徴的な不適応の要因として「①語学力」，「②対人関係」，「③文化適応」，「④経済的環境」の4領域を見いだした．

日本人留学生を対象とした異文化適応研究には，事例報告（上田, 1977；近藤, 1981；末広, 2000）やエピソードの紹介（宮田, 1994；平野・鈴木, 1997），臨床的見地からの調査報告（稲永・土屋・長谷川・近藤, 1965；長井, 1986）などがある．また，彼等が異文化で適応していく問題についての研究は，質問紙調査による適応要因の検討（山本ら, 1986；吉, 2001）や，面接調査による適応のタイプや要因についての検討（小柳, 1999）があるものの，来日する留学生が対象の研究に比べると，調査の難しさもあって，その数は少ない．また先行研究で，日本人留学生にとって重要な領域を定めた尺度が開発されているが（山本ら, 1986；上原, 1988；早矢仕, 1997），項目が対人関係に特化した内容であったり，領域ごとの弁別性が弱い面があるため，尺度としては改良の必要があると思われる．

1.4 本研究の仮説

本研究の目的は，不適応が多いとされる日本人留学生（大学生・大学院生）を対象に，彼らの心理的適応のサポートのあり方について検討することである．1.2と1.3において，アイデンティティの問題と異文化適応感を取り上げ，本研究で扱う要因を整理した．本節では日本人留学生を対象に，心理的サポートの方向性を検討するために，民族アイデンティティを中心に主要な3つの仮説を提案する．

本研究では異文化でのアイデンティティの問題について，集団アイデンティティと自我アイデンティティの相補性を理論的枠組みとし，集団アイデン

ティティとしては，異文化で重要になると思われる民族アイデンティティが重要な要因になると考える。民族アイデンティティ自体は，異文化への移行がなければ，潜在的なものとして，無自覚なままであろう。だが異文化接触を契機として，集団所属感が顕在化する可能性がある。先行研究ではマジョリティ青年よりマイノリティ青年の方が自分の民族性を明確に意識していることが分かっているため（e.g., Phinney, 1989），異文化環境の中で民族アイデンティティが顕在化すると予測できる。ただし，近年では国内においても様々な形で異文化接触があると思われ，はじめに異文化環境の影響を明確にしておく必要があると考えた。よって，まず本研究の仮説の第一は「集団アイデンティティの一側面である民族アイデンティティは，異文化において国内にいる時より顕在化するようになる」とする。

　民族アイデンティティが異文化で顕在化すれば，それは自我アイデンティティとの関係において，新たな集団アイデンティティの一側面になる可能性がある。日本人留学生の民族アイデンティティが，マイノリティ青年の民族アイデンティティと同じように心理的健康や自我アイデンティティを支える領域になるのか，逆にリスクとなるのか検討する必要があるだろう。

　異文化間精神医学の立場から，精神疾患を発症した留学生の研究では，遺伝的要因の強い統合失調症であっても「日本にHomeを残し，アメリカ（留学先）ではHomelessになっていることが発病の下地をつくると思われる（島崎・髙橋, 1967, p. 571）」と考察されており，異文化接触によって民族アイデンティティが揺らいだことによる"根こぎ感"に近い言及がある。民族アイデンティティは集団アイデンティティの下位概念であるため，例えば異文化接触の際の"根こぎ感"のようなアイデンティティの不安定さには，特に民族アイデンティティを明確にするような積極的な援助が効果的になるという可能性もある。

　よって本研究の第二の仮説は「民族アイデンティティは異文化において自我アイデンティティを高める役割を持つ」とする。集団アイデンティティの

一側面である民族アイデンティティと自我アイデンティティは本来は相補的な関係にある。しかし異文化接触における民族アイデンティティの役割を明らかにするために，操作的に方向性を持たせて検討する。

人の心と環境をつなぐ精神分析的システムズ理論（psychoanalytic systems theory）では，個人の精神内のシステムから周囲の環境にある社会システムまでを力動的につながりあう全体性を持った形で理解することが重要であるとされる（小谷, 1993）。心理的サポートの問題を考えるとき，個人の内的な要因と，生活環境が持つ外的要因を区別しながら分析し，且つそれぞれが相互的な関係を持っているという視点が重要になる。また，人格的要因などの内的要因は対人関係や適応といった外的要因に先行するという指摘があるため（Hicks・有馬, 1991），民族アイデンティティや自我アイデンティティのような内的な要因は，異文化適応感のような外的な要因を予測するものとして仮定することができるだろう。

また1.2で述べたように民族アイデンティティは様々な集団感覚を束ねる集団アイデンティティの下位概念だが，異文化環境で民族アイデンティティが顕著になった場合，自我アイデンティティと共に，異文化適応感に関与するのではないだろうか。よって第三の仮説は「民族アイデンティティは異文化において自我アイデンティティと共に，『異文化適応感』を高める役割を持つ」とする。この仮説3は本研究が最終的に検討する「民族アイデンティティ役割モデル」とする。

本論文の主要な仮説をまとめると以下の3点になる。仮説1：集団アイデンティティの一側面である民族アイデンティティは，異文化において国内にいる時より顕在化するようになる。仮説2：民族アイデンティティは異文化において自我アイデンティティを高める役割を持つ。仮説3：民族アイデンティティは異文化において，自我アイデンティティと共に「異文化適応感」を高める役割を持つ。

Figure 1-3にはこれまでの仮説を図示した。異文化への移行の前から，集

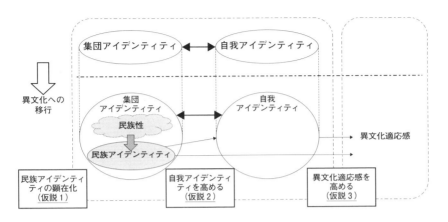

Figure 1-3　民族アイデンティティの役割についての3つの主要な仮説

団アイデンティティと自我アイデンティティは関連している。異文化への移行によって，集団アイデンティティの一側面である民族性（「日本人である自分」）に焦点が当たるようになり，民族アイデンティティが顕在化するようになる（仮説1）。そしてその民族アイデンティティの顕在化は，集団アイデンティティと自我アイデンティティの関連を基盤に，自我アイデンティティを確かなものとする役割を持ち（仮説2），異文化適応感を高める役割を持つようになる（仮説3）。

1.5　本研究の構成

本節では，本研究の構成を整理する。Figure 1-4に本研究の構成を示した。
まず，第1章（本章）では，まず集団アイデンティティと自我アイデンティティの関係についての理論的枠組みを用いて，なぜ異文化でアイデンティティが問題となるのかについて整理し，そこから異文化環境で重要となる民族アイデンティティの役割についての仮説を導いた。これらを踏まえ，本研

究では7つの研究を行う。

第1部　まず，仮説を検討するまでの準備段階として第1部で研究1～3を行う。研究1では異文化適応感尺度を検討し，なかでも先行研究で扱われた複数の領域から，留学生の異文化適応領域として共通に挙げられているものを用いて，尺度化を行い，妥当性や信頼性を検討する。

　研究2では，異文化適応感の関連要因の検討を行う。先行研究では，民族アイデンティティは心理的健康の指標を予測するものとされる。本論文では集団アイデンティティと自我アイデンティティの関係から民族アイデンティティの役割を仮定しているが，先行研究と同様に，日本人留学生の民族アイデンティティは異文化適応感の予測因として有効に働くものなのだろうか。

　また異文化適応には民族アイデンティティ以外にも関連要因が想定される。様々な関連要因の中で，民族アイデンティティは有効な要因になるものなのだろうか。まず民族アイデンティティを異文化適応の関連要因の一つとして，それ以外に重要とされる要因を予備調査と先行研究から定め，その後，いくつかの関連要因の中で民族アイデンティティが何らかの役割を持つのかを明らかにする必要があるだろう。

　本研究で用いるPhinney (1992) の民族アイデンティティ尺度（MEIM）は「探索（exploration）」と「愛着・所属感（affirmation/belonging）」という2つの構成要因を内包している。しかし多くの先行研究で，総合的な得点を民族アイデンティティ得点として用いられており，尺度作成者自身にも，総合的な尺度として用いられることが多い（e.g., Phinney, Freguson & Tate 1997）。したがって研究2で関連要因や異文化適応感との関連を分析する際に，先行研究と同じように民族アイデンティティの総合得点によって，その要因自体が日本人留学生の心理的健康の指標（本研究では異文化適応感）と関連するのか，先行研究とは異なる特徴が見られるのかを検討する。

　研究3では民族アイデンティティ尺度を検討する。研究2で明らかになった民族アイデンティティの役割をさらに検討していくために，留学生以外に

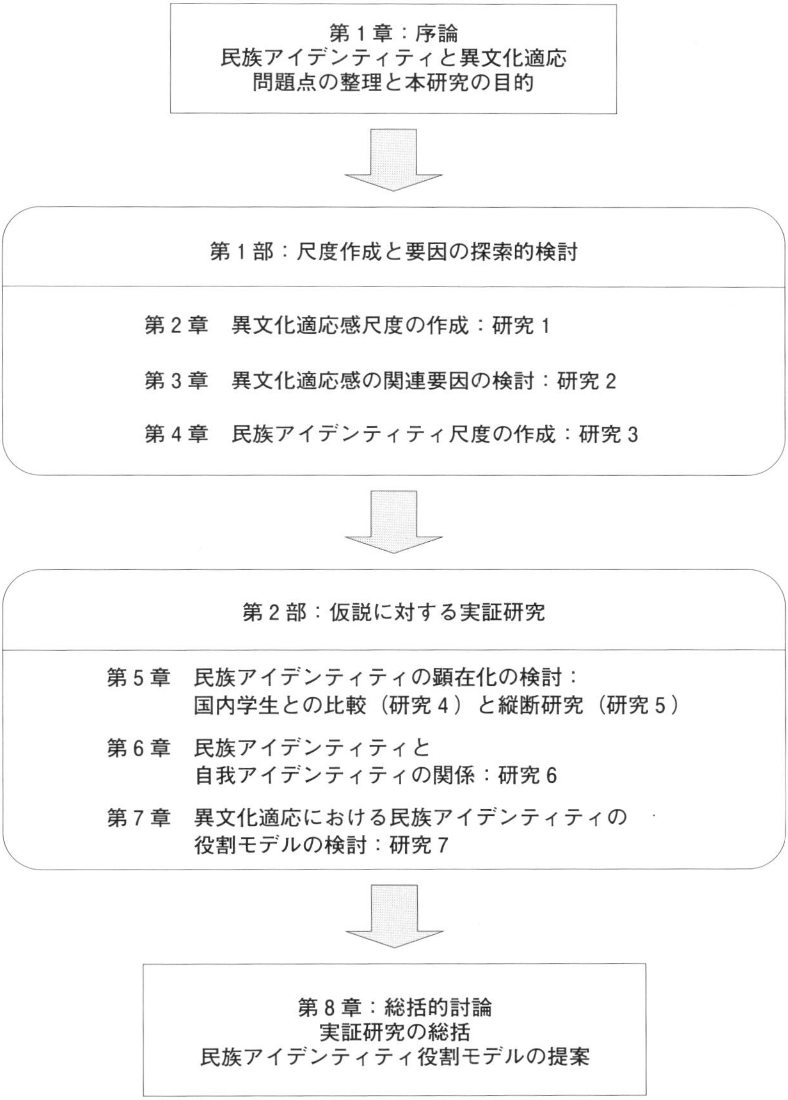

第1章：序論
民族アイデンティティと異文化適応
問題点の整理と本研究の目的

第1部：尺度作成と要因の探索的検討

第2章　異文化適応感尺度の作成：研究1

第3章　異文化適応感の関連要因の検討：研究2

第4章　民族アイデンティティ尺度の作成：研究3

第2部：仮説に対する実証研究

第5章　民族アイデンティティの顕在化の検討：
国内学生との比較（研究4）と縦断研究（研究5）

第6章　民族アイデンティティと
自我アイデンティティの関係：研究6

第7章　異文化適応における民族アイデンティティの
役割モデルの検討：研究7

第8章：総括的討論
実証研究の総括
民族アイデンティティ役割モデルの提案

Figure 1-4　本研究の構成

国内学生を含めた日本人青年における民族アイデンティティの構成要因を明らかにし，さらに尺度の妥当性・信頼性を検討する。

第2部 第1部の検討を踏まえて，第2部として3つの仮説に対する実証研究を行う。

研究4と研究5では，仮説1の異文化における民族アイデンティティの顕在化について検討する。異文化環境で新たな自己の一面として自分の民族性をより明確に意識するようになるのかについては，留学生と国内学生との比較（研究4）と縦断調査（研究5の分析5-1）によって明らかにする。また本研究の民族アイデンティティの定義にあるように民族アイデンティティが集団アイデンティティの一側面として，自分の経験を組織化するものとして働いているのかどうかをインタビューデータの分析によって確認する（研究5の分析5-2）。

研究6では2つの分析によって仮説2の民族アイデンティティと自我アイデンティティの関係を検討する。分析6-1では量的な観点から，民族アイデンティティと自我アイデンティティがどのように関連しているのか，日本人留学生と国内学生を比較しながら明らかにする。分析6-2では，インタビューデータを用いて両アイデンティティの関係がどのようなものか，質的に明らかにする。

研究7では3つの分析によって仮説3の民族アイデンティティと異文化適応の関係を検討する。日本人留学生の民族アイデンティティについて，集団アイデンティティと自我アイデンティティの関係を基盤にした「民族アイデンティティ役割仮説モデル」の検証を行い（分析7-1），共分散構造分析によってこのモデルの適合度を明らかにする（分析7-2）。さらに，国内学生と留学生に共通の役割モデルを用いて，役割モデルの構造が妥当であるか検討する。また民族アイデンティティの構成要因の働きについては国内環境と異文化環境を比較し，両群の差異を明らかにする（分析7-3）。

最後の総括的討論では，主に第2部の実証研究について考察を行い，異文

化環境における民族アイデンティティの役割を通して日本人留学生に対する心理的なサポートの提案を行う。

第 1 部　尺度作成と要因の探索的検討

第2章　異文化適応感尺度の作成

2.1　研究1　問題と目的

　本章では異文化適応感尺度を作成する。先行研究によって留学生の異文化適応は多元性が指摘され，いくつかの領域が検討されている（Bochner, 1972; Baker, 1981; 山本ら, 1986；上原, 1988；早矢仕, 1997）。また留学生に特有の不適応現象の原因についても，現地での言語，勉学が容易でないといった問題が考察されている（稲村, 1980）。

　第1章で考察したように，これまで開発された異文化適応感尺度は項目が対人関係に特化した内容であったり，領域ごとの弁別性が弱い面があった。したがって，本研究では先行研究で扱われた複数の領域の中から，留学生の異文化適応領域として共通に挙げられている「学業・研究領域」，「対人関係領域」，「生活習慣領域」，「言語領域」と，さらに，米国におけるアジア人留学生が心理的問題を身体的に表しがちであるという指摘（Klein, Alexander, Tseng, Miller, Yeh, Chu, & Workneh, 1971），および心身の健康は適応の一側面であるという指摘（長井, 1986）から，「心身健康領域」を加えた5領域を本研究の適応領域として検討する。

　また尺度の妥当性検討を以下のように行う。まず構成概念妥当性を検討するために，調査時期の異なる留学生群を対象に調査し因子構造の確認を行う。

　次に基準関連妥当性を明らかにするために，外部尺度として自尊心尺度と滞在期間との相関を検討する。自尊心尺度は，個人の自尊心を測定するための尺度であり，信頼性と妥当性が確認されているものを用いる。適応感が高く心理的健康度が高いと，自尊心が高くなると仮定されている。よって，異

文化適応感の各因子は自尊心尺度と正の相関関係があると予測される。

滞在期間と異文化適応感の関連については，日本人留学生を対象とした縦断調査（Hicks et al., 1991）の結果から，異文化適応領域ごとに異なる変化をすることが分かっている。Hicksら（1991）の研究では本研究の「学業・研究領域」に当たる"学習・研究の進展"や「心身健康領域」に当たる"身体・精神面の健康"については留学期間を通して有意な変化が見られなかった。一方，「言語領域」に該当する"言語"や「生活習慣領域」に該当する"生活習慣・文化様式"，「対人関係領域」に該当する"対人関係（滞在国の人との親密さ）"については，留学期間中に有意な変化が見られた。こうした領域ごとの違いについては，留学して直面する課題として経験の蓄積に応じて変化がみられるものとそうでないものの違いとして考察されている。この研究で検討した領域と本研究の異文化適応感尺度で明らかになる領域は類似しているため，滞在期間によって同様の違いがみられると予測できる。

また信頼性を検討するために内的一貫性（α係数）を確認し，安定性の検討のために，異文化適応感の各領域について平均留学期間がほぼ同様で，調査時期の異なる2群の尺度得点を比較する。留学期間が等しい群であれば，それぞれの領域の平均尺度得点には差がないと予測される。

2.2 方法

調査対象者　対象者は日本からの留学先として，最も多く約7割を占める北米に留学中の日本人留学生267名である。調査時期ごとにみるとA群143名（男性75名；女性68名），B群122名（男性59名；女性63名）である。彼らの詳しい属性はTable 2-1に示した。

なお，基準関連妥当性を明らかにするために自尊心尺度を調査したのは，A群のうちの40名であった。

調査時期　日本人留学生A群は2000年5月から10月であり，B群は2006年10

Table 2-1 留学生群ごとの属性

属性	留学生A群	留学生B群
性別	男子75名 女子68名	男子59名 女子63名
平均年齢	25.7歳（$SD=4.54$）	25.9歳（$SD=5.77$）
平均滞在期間	36.9ヶ月（約3.1年／$SD=35.51$）	29.9ヶ月（約2.5年／$SD=24.17$）
所属	大学71名 大学院72名 その他0名	大学65名 大学院52名 その他5名（短大2，研究生3）
専攻	理系56名 文系87名	理系62名 文系60名
海外渡航経験	ない8名 3ヶ月以上ある41名 帰国子女15名	ない8名 3ヶ月以上ある33名 帰国子女15名
留学目的	語学習得7名 専門分野習得112名 未定1 その他4名（研修など）	語学習得7名 専門分野習得110名 未定1 その他4名（研修など）
住居	アパート108名 寮30名 ホームステイ4名 その他1名（家のシェアなど）	アパート88名 寮26名 ホームステイ5名 その他3名（家のシェアなど）
留学スタイル	私費留学119名 社費27名 その他1名	私費留学101名 社費20名 その他1名
奨学金	なし93名，あり50名	なし59名，あり63名
日常の同胞接触	なし20名 あり123名 ※頻度分類なし	なし5名 毎日82名 週1回27名 月1回8名
留学前の海外関心	関心なし〜あまりなし11名 強い関心〜やや関心あり132名	関心なし〜あまりなし10名 強い関心〜やや関心あり112名
留学後の進路	現地で就職・進学55名 帰国して就職63名 未定24名 その他1名（研究室所属など）	現地で就職・進学26名 帰国して就職60名 未定27名 その他9名（研究室所属など）

月〜2007年6月と2008年1月〜4月である。

調査方法　合計21の学生団体・留学生ネットワーク[1]，及び個人に調査を依頼し，E-mailもしくは郵送にて調査用紙を配布し回収した。E-mailを使用する際は匿名性に配慮し，追調査への協力もしくはフィードバックの希望がある場合を除いてアドレスを即時削除することを伝えた。

質問紙の内容　(1)**異文化適応感尺度**　領域ごとに代表的な項目を挙げる。①心身健康領域：「イライラして落ち着かない」，「最近ホームシックである」などの項目から構成される。②学業・研究領域：「学習・研究の進行は順調である」，「自分の思うように勉強できている」などの項目から構成される。③対人関係領域：「滞在国出身の友達がいる」，「何かあったとき相談できる人がいる」などの項目から構成される。④文化領域：「滞在国で求められるルール・マナーを理解している」，「滞在国の文化を理解している」などの項目から構成される。⑤言語領域：「滞在国の言葉であっても，大抵のことは聞き取れる」，「滞在国での言葉の習得は進んでいる」などの項目となっている。合計項目数は28項目である。回答方法としては「あてはまる」から「あてはまらない」までの4件法である。(2)**自尊感情尺度**　Rosenberg (1965)のSelf-Esteem Scaleの山本・松井・山成 (1982) による日本語版を用いた。全10項目，4件法である。この尺度は信頼性・妥当性が確認されたものである。(3)**デモグラフィック要因**　滞在期間や性別，学年，専攻などを尋ねている。

---

[1] 依頼組織　Japanese Student Association (ミズーリ・コロンビア大学，スタンフォード大学，サンフランシスコ州立大学，オレゴン大学，カリフォルニア州立大学Long beach校，カリフォルニア州立大学Irvine校，コーネル大学，マサチューセッツ工科大学，アリゾナ州立大学，コロラド州立大学，ハーバード大学，ネバダ大学，カンザス州立大学，オクラホマ州立大学，カンザス大学，ブランディ大学，デンバー大学)，Japanese Student Network，pgh-jメーリングリスト，未来へドットコム

2.3 結果

本研究で結果の分析に用いた統計パッケージはSPSS12.0とAMOS16.0である。

探索的因子分析 はじめに，計35項目に対して主成分分析，プロマックス回転による因子分析を行ったところ，因子負荷量が.40未満で低いものや，2因子に渡って高い項目は削除し，最終的に以下の18項目の中から4因子を抽出した（Table 2-2）。また4因子の因子感相関をTable 2-3に示す。

第1因子は"滞在国の言葉であっても大抵のことは聞き取れる"，"滞在国の文化を理解している"など，滞在国の言語を使用できることやその国の文化的・社会的制度への理解を表した5項目からなり「滞在国の言語・文化」適応因子と名付けた。第2因子は"十分に勉強・研究に打ち込めていない（反転）"，"学生生活は充実している"など，主に留学中の学習・研究への満足感で主に構成される5項目からなり「学生生活」適応因子と名付けた。第3因子は"最近ホームシックである（反転）"，"最近直ぐ落ち込む（反転）"など，心身健康領域を主とする5項目からなり「心身の健康」因子と名付けた。また第4因子は"何かあったとき相談できる滞在国の人がいる"，"滞在国の人で信頼できる人がいる"など，滞在国の人々との信頼関係や親密さを主とする3項目からなり「ホスト親和」適応感因子と名付けた。

なお削除された項目は「生活習慣領域」："滞在国の社会制度がどのようなものか分かっている"，"滞在国で求められるルールやマナーを理解している"，"滞在国の文化に親しんでいる"，"滞在国の生活習慣や文化に不満がある"，「学業・研究領域」："学生生活に満足している"，「心身の健康領域」："滞在国の人たちに接するときはどこか無理をしている"，"最近体調がすぐれない（反転）"，「対人関係領域」："滞在国の人ともっと知り合いたい"，"滞在国の人々の前では自分らしく振る舞えない"，"滞在国の人々との人間

Table 2-2 「異文化適応感」尺度の各因子の因子負荷量・因子間相関

	因子1	因子2	因子3	因子4	共通性
滞在国の言葉であっても大抵のことは聞き取れる	.929	− .097	.029	− .083	.743
滞在国で大抵の会話は自由にできる	.852	.005	.037	.053	.798
大抵の場面では滞在国の言葉を使いこなしている	.842	− .023	.010	.017	.713
滞在国の言葉の習得は進んでいる	.747	.103	.009	.001	.636
滞在国の文化を理解している	.716	.019	− .064	.052	.544
十分に勉強・研究に打ち込めていない（反転）	− .159	.863	.048	− .105	.675
自分の思うように学習・研究できていない（反転）	− .068	.807	.085	.027	.685
学習・研究の進行は順調である	.126	.774	− .126	.075	.664
思うように勉強できている	.041	.765	− .123	.036	.563
学生生活は充実している	.172	.541	.131	.045	.512
最近ホームシックである（反転）	− .098	− .215	.810	.112	.567
最近すぐ落ち込む（反転）	.032	.047	.793	.002	.679
留学生活では不安になることが多い（反転）	.156	− .094	.743	− .027	.564
イライラして落ち着かない（反転）	− .128	.164	.714	.046	.60
心身共に良好である	.086	.184	.562	− .176	.443
何かあったとき相談できる滞在国の人がいる	.015	− .060	− .028	.854	.709
滞在国の人で信頼できる人がいる	− .075	.082	.074	.833	.706
滞在国出身の友人がいる	.168	.022	− .023	.596	.491
累積寄与率（％）	33.7	47.7	56.6	62.7	

Table 2-3　4因子の因子間相関

	因子2	因子3	因子4
因子1	.403	.256	.518
因子2		.420	.284
因子3			.188

関係に満足している"の10項目である。

妥当性の検討

(1)**構成概念妥当性**　探索的因子分析で得られた因子について，調査時期の異なる留学生A群とB群を対象に，共分散構造分析（SEM）を用いた多母集団因子分析を行った。

結果，配置不変分析の適合度は AGFI（.806），CFI（.924），RMSEA（.047）

であった。また測定不変分析では，RMSEA（.049）でありAIC（525.770）は配置不変のAIC（512.729）に比べると若干高いが，この4因子構造を採用することはできる範囲だと思われる。

(2)基準関連妥当性　異文化適応感について，自尊感情尺度，滞在期間との相関分析を行った。結果，自尊心尺度については4因子とも有意な正の相関が明らかになった。また滞在期間との相関分析は，留学生A群とB群にも分けて行ったが，いずれの群でも有意な正の相関が確認された領域は「滞在国の言語・文化」と「ホスト親和」であり，「学生生活」と「心身の健康」については有意な相関が検出されなかった。この結果はHicksら（1991）の縦断調査の結果と一致している（Table 2-4）。

信頼性の検討　内的一貫性の指標であるα係数を求めたところ，第1因子では.86，第2因子は.78，第3因子は.83，第4因子は.68であった。第4因子が若干低い値だが，下位領域ごとに後の分析に耐える安定性が示されたと言える。

また，留学生A群とB群の平均滞在期間は約3年とほぼ等しいため，両群の各異文化適応感領域の平均尺度得点を分析対象とし，一元配置の分散分析を行った。結果，いずれの領域でも有意な差は見られなかった。調査時期が異なっていてもだいたい同じ滞在期間であれば，適応感に差がみられなかったことから，この尺度の安定性が確認できたといえよう（Table 2-5）。

Table 2-4　自尊感情・滞在期間との相関分析結果

	言語・文化	学生生活	心身の健康	ホスト親和
自尊心 ($n=40$)	.439**	.425**	.344*	.465**
留学生A群滞在期間 ($n=143$)	.474***	.086	.094	.177*
留学生B群滞在期間 ($n=122$)	.300**	－.025	.058	.179*

注）$*p<.05$，$**p<.01$，$***p<.001$

Table 2-5 留学生A・B群の異文化適応感下位尺度得点

	留学生A群	留学生B群	分散分析
言語・文化	3.2(.69)	3.2(.60)	ns
心身健康	3.2(.63)	3.2(.60)	ns
学生生活	3.0(.67)	3.1(.62)	ns
ホスト親和	3.6(.59)	3.6(.54)	ns

2.4 考察

　研究1では，異文化適応感尺度を作成した。初めに設定した5領域のうち，言語領域と文化領域が1つの領域となったが，言語と文化はいずれも滞在国における生活に関わる知識の領域であると思われるため，この結果は妥当であろう。また，構成概念妥当性のために行った多母集団因子分析による，4因子モデルの妥当性は若干AGFIの値が低いが，はじめに行った探索的因子分析の負荷量も併せて考えると4因子構造に問題はないと思われる。また基準関連妥当性を検討するために行った自尊心尺度と滞在期間との相関分析では，予測と一致する結果が得られている。また内部一貫性（α係数）と安定性の検定結果も予測と一致しており，信頼性が確認できたと言えよう。よって，研究1の結果から，今回作成した異文化適応感尺度は，下位領域の弁別性，構造や内容の妥当性，尺度としての信頼性ともに水準に達した尺度であることが明らかになった。これによって，続く研究でこの尺度を用いていくこととする。

第3章 異文化適応感の関連要因の検討

3.1 予備調査

3.1.1 問題と目的

　先行研究では，民族アイデンティティは心理的健康の指標を予測することが示されている．第1章で考察したように，本論文では異文化における民族アイデンティティに集団アイデンティティの一側面としての心理的な役割があると考えている．よって，心理的健康の指標として用いる異文化適応感を予測する要因になると仮定している．しかし，日本人留学生についてこれらの要因間の関連を見たものはほとんどないため，先行研究と同様に民族アイデンティティが異文化適応感の予測因として有効に働くのか，さらに異文化適応感には民族アイデンティティ以外にも関連要因があるが，様々な関連要因の中で，民族アイデンティティは有効な要因になるのか，確認しておく必要がある．

　本章では初めに予備調査として留学中の日本人学生に自由記述の質問紙調査を実施し，その結果と先行研究から民族アイデンティティ以外に重要な関連要因を定めることとした．

　異文化適応感に対する関連要因を明らかにするためには，異文化環境で困難に感じる領域を検討する必要がある．先行研究である程度の同定はできるが，実際に留学生に尋ねてみる必要があると考えた．また，本論文で注目する民族アイデンティティについて，日常的にどの程度意識するのか，また日本人留学生にとって自国の文化を反映する民族性がどのような意味を持って

いるのかを明らかにする必要があると考えた。

3.1.2 方法

調査対象者 北米とカナダ，オーストラリア，イギリスの日本人留学生18名と1年以上の留学経験者2名（帰国前の卒業生）の20名である。内訳は，男性7名，女性13名，年齢は，19歳1名，20代前半6名，20代後半6名，30代4名，不明3名であった。滞在期間は3ヶ月から5年。滞在地はアメリカ17名，カナダ・オーストラリア・イギリス，各1名であった。

調査時期 1999年6月～9月である。

質問内容 イントロダクションは「以下なるべく具体的にお書きください」とした。質問内容は自由記述形式で，異文化適応感の関連要因を検討するための質問2点と民族性についての質問2点を尋ねた（Table 3-1）。また，同意が得られた場合に限り，追試，再追試の形でやり取りを繰り返し，できるだけ具体的な状況の把握に努めた。

調査方法 アメリカの大学にあるA大学のJapanese Student Associationに予備的な段階の調査として話を聞かせて欲しいことを伝え，調査依頼をした。調査の方法は，E-mailを用いた。また，メンバーからの紹介でカナダ，オーストラリア，イギリスの留学生にも依頼した。また事前に調査の匿名性の問題を説明し，E-mailのアドレスは調査終了後削除することを伝えた。

Table 3-1　予備調査における自由記述の質問内容

(1)海外で一番困ったことは何ですか？
(2)海外に行って，初めて文化の違いを感じたのはいつ，どんな時ですか？また，日常で「日本となんだか違う」という違和感はありますか？あるとすればどんなことですか？そう思ったのはいつ，どんな時ですか？
(3)アメリカに行ってから，日本にいるより「自分は日本人だな」と強く思いますか？そう思ったのはいつ，どんな時ですか？
(4)海外で暮らしていて自分の民族性（日本人であるということ）はどういう意味を持ちますか？

3.1.3 結果

(1)海外での困難経験

　意見の区分をすると,「部屋探し」「食生活」「治安」などの生活習慣に関すること,「言葉」「人付き合い」などコミュニケーションに関すること,「自己嫌悪」「意見が確立していない自分」など自分の内面に関することに分けられた。

　生活習慣・滞在国の人とのコミュニケーションに関して感じる困難は,異文化適応における文化的な側面を表すものであり,また自己の内面に対しても環境移行において焦点が当てられることがわかった。これは留学生ごとに異なる困難場面が見られ,異文化適応を多次元的に把握する必要があるとした先行研究の知見を支持していた。

　困難場面は幅広く,慣れた頃に別の問題が出てくることもあり,ある程度の滞在期間が過ぎても頻繁に感じているようだった。生活習慣,人間関係の違い,自分の内面の問題など,留学生が抱える困難は幅広いこと,また留学生活は自分の生活パターンを自分自身で維持し,学業をはじめ様々な課題に対処してゆく必要があることを考えると,様々なストレス状況に置かれたときに,柔軟に対処できるかというストレスコーピングの力が重要になることが示唆された。

(2)文化的差異について

　「日本にいた時よりも,自分の意見をはっきりと言うことが必要になる」,「謙遜が通じない」,「向こうが悪くても謝ってもらえない」,「この国の人は,他人に会わせることをしない」などの滞在先の人々や,日本人以外の留学生とのコミュニケーションの仕方に,文化差を感じる人が20人中11人いた。これは①の結果とも重なるが,滞在国での対人関係の問題が異文化適応における要因となっていることが示唆される。

(3) 日本にいるときに比べ，日本人であると意識するようになったか

この質問については20人中13人が「意識するようになった」と答えている。この結果は，多くの留学生が自分の民族性を日本にいるといきより意識するようになったことを示し，異文化において民族アイデンティティを検討することが妥当である点を示唆する。

「意識しない」に分類されたものは「日本人というより外国人であると感じる」，「アジア人であると感じる」，「（滞在国の）アメリカ人であるか，そうでないかという意識の方が強かった」という言及であった。これは異文化接触で生じた集団所属感である点で，日本人としての意識と共通である。海外渡航により，それまで無意識的であった自らの社会的属性を意識するようになったのだと思われる。この点は1章で考察したが，実際に異文化においてはやはり集団アイデンティティについて何らかの刺激があり，新たな集団所属感に気付く機会になっているのは確かではないかと思われる。

また日本人であると意識させる状況は多岐にわたり，「学校で発表するとき」「食事・言葉など日本のものに触れたとき」「物事を日本との比較で捉えようとするとき」「日本人として扱われたとき」「日本の綺麗な切手を見たとき」など様々な状況があげられた。

(4) 日本人であることはどのような意味を持つか

この質問に対しては，「複数ある民族の1つ」，「事実認識のみ」，「良いところも悪いところもある」という意見が多かった。ただし，今回の質問が漠然としていたために，はっきりした意見を聞けなかった可能性がある。また自分が日本人だと意識しながらも「自分の民族性を意識して行動することはなるべくしたくない。私自身がどう考え行動するかを大切にしたい」と，民族や人種という枠にこだわらず個を志向する意見もあげられた。「事実のみ」というものについては，意識はするけれど民族的な枠組みにはあまり重きを置かず，客観的事実以上の意味付与をしていない様子がうかがえた。

今回の対象者においては，積極的に日本人であることの意味について考え，

理解しようとしている人は少ないように見える。すなわち異文化にあっても，日本人留学生の民族アイデンティティが自我アイデンティティを支える重要な集団アイデンティティとして意識するまでに至ってはいない可能性がある。ただし(3)の質問においては，日本人であると意識することが増え，異文化で自分のバックグラウンドを形成する新たな集団アイデンティティとして注目されている面があると思われる。

また調査のやりとりの中で「民族」・「民族性」といった言葉を使うと，「思想的，政治的なイデオロギーを感じさせる」という言及があり，調査者が訂正し説明する場面もあった。また「あまり日本人であることにこだわっているつもりはありませんが」という断り書きをした後に日本や日本文化についての意見を述べるパターンや，「優れている，劣っているという価値観は無意味だと思うのですが，日本の文化はすごいなぁと思っています」というように，民族性についての優劣の価値判断と自分の感情を区別しようとする記述が目立った。この点から日本人留学生の多くが「日本人であること」に政治的，思想的な付加価値を与えずに中立的であろうとしていることが推察され，そのような中立的な態度を保つために，意識的に事実以上に考えることはあえて避けるようであった。これは予備調査の質問項目で「民族性」という用語を使ったことによる反応の歪みであると思われる。

したがって，今後の調査では，政治的，思想的な意味合いを含む可能性のある「民族」および「民族性」という言葉を使うのではなく，「日本人」，「日本人としての特徴」など，本研究で聞きたい内容をより具体的に示すことや，"いい悪いを尋ねているのではない"といった事前の説明を確実に行うことで，この用語に対する抵抗を和らげ，より中立的な反応を引き出せるように心がける必要があると思われた。

3.1.4 考察

予備調査から，ストレスにどのように対処するかという「個人的側面」，

主に対人面に現れる文化差から現地のやり方をどのように習得するかという「文化的側面」は異文化適応において重要であることがわかった。また民族アイデンティティの側面は，国内に比べると異文化では焦点が当たるようになる可能性があり，日本人留学生の異文化適応の関連要因として検討することは妥当であると思われた。次の研究2では，異文化適応に関する先行研究と併せてこの結果を検討し，焦点を当てる要因についてさらに具体的に明らかにする。そして，研究1で作成した異文化適応感尺度を用いて，他の関連要因との関係を明らかにする。

3.2 研究2 異文化適応感の関連要因の検討

3.2.1 関連要因の検討と仮説

(1)文化的要因：滞在国の対人スキル獲得

Oburg（1960）は，異文化移行に伴う文化・社会システムに対する不全感・不適応感を，「カルチャーショック（culture shock）」と名付けた。適応プロセスの初発には何らかの違和感や対処困難があると考えられるが，この概念の提唱から以後，適応の文化的側面を検討することの重要性が論じられてきた（Berry, Trimble, & Olmedo, 1986; Berry, 1992）。

一口に文化的側面と言っても広範なため，焦点を探るべく予備調査で「文化的な違和感」として自覚されることを自由記述で尋ねた。結果は，食事などの「生活習慣」よりも，コミュニケーションにおける違和感・困難など「対人関係」に関するものが多くあげられた（20人中11人）。

留学生の異文化適応についての先行研究でも対人関係は注目されている。高井（1989）はそれまでの日本の留学生研究をレビューし，異文化適応の最大の障害は明らかに人間関係であるとしている。また稲永ら（1965）の調査によると，留学生は集団で海外研修を受ける群に比べ，対人関係を適応困難

の原因として認知する者が多かった。さらにモイヤー（1987）の心理ストレス要因の研究では，来日した外国人留学生に対する面接結果をもとに，質問紙を作成し7因子を抽出している。そこでは「表現の多義性」や「拒否」，「価値観のずれ」など，因子を構成する項目のほとんどが対人関係上の違和感・困難感に関するものになっていた。また，異文化でのソーシャルサポートやソーシャルネットワーク形成の観点からは，滞在国での対人関係形成が，適応において重要な関連要因であることが示唆されている（Henderson & Byrne, 1977; Sykes & Eden, 1985）。

さらに田中（1995）によると，留学生自身は滞在国での対人関係上の適応困難に，その国での対人スキル不足が原因であると把握している。また一連の研究から，その国での適切な問題解決・対処手段としての対人スキル獲得が，異文化適応において重要な役割を果たすことが明らかになった（田中, 1992ab, 1998）。しかし，これはまだ基礎的な報告にとどまっており，実証研究は十分でない（田中, 1998）。日本人留学生を対象とした研究においても，この問題の検討は十分でないと思われる。

以上から，本研究では対人関係の文脈における文化的側面として，特に滞在国での対人スキル獲得が異文化でのストレスや違和感の多くを減じ，生活場面で様々な資源を提供する対人関係形成を促すと考え，これを関連要因として検討することにした。

(2) **民族的要因：民族アイデンティティ・他民族志向**

予備調査からは，国内にいる時に比べて異文化では民族性に焦点が当たることが示された。Bochner（1972）は，留学先では自らの民族的背景や国家的な情勢が極端に強調され，相手もそれを意識した振る舞いをするようになることから，留学生が対処しなければならない課題の1つに「自国文化の代表としての課題」をあげた。またPhinney（1990）は，異文化適応の基礎に「異なる集団間の葛藤」があるとし，そこには文化的葛藤の他に，民族的葛藤があると指摘する。このような指摘からは，異文化での心理について民族

的側面を検討する必要が示唆される。

民族アイデンティティについて，Phinney (1989) は Marcia (1966) のアイデンティティ・ステータスを民族アイデンティティの発達的枠組みの基盤におき，マジョリティ・マイノリティを含むアメリカ人青年を対象とした面接調査によって，その発達段階を検討したが，マイノリティの各群 (Asian American, Black, Hispanic subjects) ではそれぞれの段階に分かれたものの，ほとんどのマジョリティ (White subjects) では自分の民族性について「アメリカ人である」という以上に把握せず，ステイタス分類が不可能であった。

日本で生活する日本人の民族アイデンティティは，マジョリティのアメリカ人青年に似ていることが推察できる。彼らは留学生として日本を離れ，自らの民族性をほとんど意識せずにすんでいた環境から意識する環境へ移行する。いわばマジョリティからマイノリティへの移行を経て，自分の民族性についての考えを深める契機になるのではないだろうか。予備調査では20人中13人が日本国内よりも自分の民族性を意識するようになると答えている。留学によって民族性の気付きが促されるとすれば，民族アイデンティティが重要な集団アイデンティティとして，異文化で心理的な機能をもつようになる可能性がある。

またマイノリティにとり，自らの民族への態度・知識・民族的行動はそれだけで存在しているものではなく，滞在国の主流文化や他民族への態度と密接に関連しているといわれている (Berry, Trimble, & Olmedo, 1986)。さらに，マイノリティが自らの民族性をどう捉えるかはその国での適応上重要なことであると指摘され (Phinney, Freguson, & Tate, 1997)，多くの先行研究でマイノリティ青年と適応感，及び自尊心との関連が明らかになっている。

よって，本研究では異文化適応感の関連要因の1つとして，民族アイデンティティを設定し，適応感との関連を検討する。また，この要因が他の関連要因の中でも有効な要因になるのかも併せて見ておきたい。なお，Phinney (1992) の民族アイデンティティ尺度 (MEIM) は，多くの先行研究で一因子

の尺度として用いられている（e.g., Phinney, Freguson, & Tate 1997; Weisskrich, 2005）。よって本研究では先行研究と同じように民族アイデンティティの総合得点によって，その要因自体が日本人留学生の心理的健康の指標である異文化適応感と関連するのかを検討する。

さらに，Phinney（1992）が民族意識の一つの方向性として取り上げている他民族優先の態度も同様に検討する。この態度は，日本人には「現地社会に沈潜する」タイプの適応があるという指摘（中根，1972）や，現地に過剰適応しがちであるという指摘（上田，1977）からも検討する必要があると思われた。

(3) 個人的要因：セルフコントロール

留学生の適応の問題には，慣れない海外での不安やとまどいに対処する際の個人的要因が関連して，不適応の原因となるケースも指摘され（近藤，1981），最近の研究ではイラーショナル・ビリーフ（吉，2001）や自己効力感（早矢仕，1999）などを異文化適応の関連要因として扱った研究がある。

モイヤー（1987）はストレス理論を応用して来日した留学生を調査した。たとえば，異文化のなかの留学生活をストレス場面として想定すると，重要な個人的要因にセルフコントロールがある。留学生活では，自ら生活パターンを維持し，学業をはじめ様々な課題に対処してゆく必要があると考えられるが，セルフコントロールには直接的な外的強制力がない場面で自発的に行動を統制する機能がある（杉若，1995）。Rosenbaum（1989）は，このセルフコントロールを調整型（Redressive）なものと，改良的（Reformative）なものに分けることを提唱している。前者は"ストレス場面において発生する情動的・認知的反応の制御"に関連するもので，例えば気のそらしや自己教示などによる，ストレスへの即時的な対処を行う。また後者は"習慣的な行動を新しくしてより望ましい行動へと変容していく"性質を持ち，将来を見越した自発的な問題設定を行うことが特徴である（杉若，1995）。

さらにこの概念は，カウンセリングにおけるクライエントの行動修正や訓

練においても注目されており，本研究の調査でこうしたセルフコントロール
と適応との関連が明らかになれば，留学生をサポートする側への示唆を含む
ものともなろう。よって本研究では，両セルフコントロールを異文化適応に
関連する個人的要因として検討することとした。

仮説　文化的側面（滞在国の対人スキル獲得），民族的側面（民族アイデンティティ・他民族志向），個人的側面（調整型・改良型セルフコントロール）の要因は，いずれも異文化適応感に関連する。

3.2.2　方　法

調査対象者　対象者は現在アメリカに留学中の学生男女143人であり，男性75人，女性68人，大学生71人，大学院生72人，平均年齢25.7歳（$SD=4.54$）となっている。対象者の平均滞在期間は36.9ヶ月（約3.1年／$SD=35.51$）となっている（さらに詳しい属性については，Table 2-1のA群を参照）。

調査時期　2000年5月から10月にかけてアメリカの大学にある日本人学生の団体および個人に依頼し，E-mail，FAXもしくは郵送法にて調査用紙を配布し回収した。

調査方法　合計21の学生団体・留学生ネットワーク[1]，及び個人に調査を依頼し，E-mailもしくは郵送にて調査用紙を配布し回収した。E-mailを使用する際は匿名性に配慮し，追調査への協力もしくはフィードバックの希望がある場合を除いてアドレスを即時削除することを伝えた。

質問紙の内容　質問紙は，滞在期間などを含むフェイスシートと以下の(1)～(5)によって構成した。なお翻訳が必要な(3)に関してはバックトランスレーシ

---

[1] 依頼組織　Japanese Student Association（ミズーリ・コロンビア大学，スタンフォード大学，サンフランシスコ州立大学，オレゴン大学，カリフォルニア州立大学 Long beach 校，カリフォルニア州立大学 Irvine 校，コーネル大学，マサチューセッツ工科大学，アリゾナ州立大学，コロラド州立大学，ハーバード大学，ネバダ大学，カンザス州立大学，オクラホマ州立大学，カンザス大学，ブランディ大学，デンバー大学），Japanese Student Network，ピッツバーグ ML，未来へ.com

ョンによる検討を通して作成した。特に予備調査で「民族性」や「民族集団」という言葉に政治的な構えを引き起こす可能性があることが推察されたため，「日本人としての自分」など，より具体的で日本人青年にとって違和感のないように翻訳を工夫した。また原著におけるダブルミーニングなどの項目の不備は意味を変えない範囲で改訂した。

(1) **異文化適応感尺度18項目（4件法）**

研究1において作成した尺度を用いる。留学生の適応指標として「滞在国での言語・文化」領域，「心身の健康」領域，「学生生活」領域，「ホスト親和」領域の4つの領域の主観的な適応感を測るものである。

(2) **対人スキル獲得尺度6項目（4件法）**

対人スキル獲得の指標としては田中 (1998) の調査項目を参考に，例えば相手に誤解されずに上手く対処できているかという「実際の行動面」と，意志疎通がスムーズに行かないときどのように対処すればよいか分かっているという「問題が起こったときの対応」，また人付き合いに求められるルールが分かっているか「一般的な知識」に関する項目を用いて尺度を独自に作成した。

(3) **民族アイデンティティ尺度14項目・他民族志向尺度6項目（4件法）**

留学生の民族的側面としての民族アイデンティティについては，Phinney (1992) の作成した「多民族アイデンティティ尺度（Multigroup Ethnic Identity Measure; MEIM)」と「他民族への態度尺度」を翻訳して用いる。翻訳はいずれも英語と日本語に堪能なネイティブスピーカーと心理学を専攻する大学院生1名によるチェックを受けている。さらに「他民族への態度尺度」は，自民族でなく他民族への志向を測る項目で構成されているため，本研究では尺度の内容をより簡潔に表すと思われる「他民族志向尺度」と呼ぶこととした（項目は資料1を参照）。

先述のように，本研究では様々な関連要因の中で民族アイデンティティがどう位置づくのかを明らかにするとともに，先行研究と同じように民族アイ

デンティティと心理的健康の指標（本研究では異文化適応感）の関連が成り立つのか確認するため，はじめに多くの先行研究と同様に民族アイデンティティの総合的な得点を用いて検討する。しかし両尺度とも翻訳版を用いていることやこれまでに調査されたことのない日本人留学生を対象としていることを考え，そのまま項目を用いるのではなく，主成分分析によって1因子性を確認してから用いる。

(4)セルフコントロール尺度13項目（4件法）

Rosenbaum（1989）がセルフコントロールを多元的に捉えるとした提案を受け，杉若（1995）が作成した尺度から，調整型セルフコントロールと改良型セルフコントロールを測定する項目を用いている（項目は資料参照）。「調整型セルフコントロール」は気分を変えようとするような情動制御に関わるセルフコントロールであり，「改良型セルフコントロール」は計画的な課題の実践など，行動制御に関わるセルフコントロールである。いずれも，本研究の対象者で2因子構造を確認した後，分析を行うこととした。

3.2.3 結果

(1)尺度の検討

滞在国の対人スキル獲得尺度 はじめに，関連要因として独自に開発した対人スキル獲得尺度の検討を行った。計6項目に対して主成分分析を行ったところ1因子であることが確認された。α係数は.91であった。因子負荷量表を Table 3-2-1に示す。

民族アイデンティティ尺度・他民族志向尺度 本尺度は総合得点が用いられているが，より適切な分析を行うために，主成分分析によって確認された項目を用いることを考えた。結果を Table 3-2-2に示す。民族アイデンティティのα係数は.83であった。他民族志向尺度も同様に主成分分析を行い，1因子性を確認できた項目のみを用いることとした。結果と Table 3-2-3に示す。α係数は.70であった。因子負荷量が.04以下であったため削除された

第3章 異文化適応感の関連要因の検討　51

Table 3-2-1 「滞在国の対人関係スキル獲得尺度」の主成分分析結果

	第1主成分	共通性
1．滞在国で，どういう時に相手にどういえばよいかわかっている	.894	.658
2．滞在国の人に誤解された時にも，どう対処すればよいか分かっている	.891	.682
3．滞在国の人付き合いのルールを知っている	.843	.711
4．滞在国の人たちと上手くやっていく方法が分かっている	.826	.799
5．滞在国の人との付き合い方を理解している	.811	.794
累積寄与率（％）	72.9	

Table 3-2-2 「民族アイデンティティ尺度」の主成分分析結果

	第1主成分	共通性
9．私は日本人の文化や文化的背景を好ましく思う	.741	.630
14．私は自分が日本人であることを強く意識する	.699	.521
12．私は自分が日本人であることが，どのような意味を持つか良く考える	.677	.668
5．私はこれまでに日本人のこと（歴史，文化，習慣など）をより深く知ろうとしてきた	.653	.814
7．私は日本人を誇りに思う	.650	.476
11．私は日本人が持つ歴史や文化をより深く知るため，色々な人と話しあってきた	.625	.732
2．私は，日本人であることが，私の人生にどのように影響するのかよく考える	.612	.551
10．私は日本人に強い愛着を感じる	.611	.610
1．私は自分が日本人であることを幸せに思う	.609	.585
累積寄与率（％）	42.8	

注）削除した項目
3．私は自分が日本人であるということをはっきり分かっている
4．私は日本人ばかりの集団では積極的になる
6．私は食べ物・音楽・生活スタイルなどで，日本的な習慣を実践している
8．私は自分が日本人であることが，人生にどのような意味を持つのか良く分かっていない（反転）
13．私は日本人の歴史・文化について，より深く学ぼうとしたことがない（反転）

項目は，民族アイデンティティ尺度で5項目，他民族志向尺度で2項目であった。

セルフコントロール尺度　この尺度は「調整型セルフコントロール」と「改良型セリフコントロール」の2因子が予想されるため，主因子法によって因子分析を行った。結果，2因子が抽出され先行研究と一致する結果が得

Table 3-2-3 「他民族志向尺度」の主成分分析結果

	第1主成分	共通性
5．私は日本人より他国の他の民族の人達といる方が楽しい	.807	.652
1．私は日本人より他の国の人達と知り合いになろうと思っている	.700	.489
3．私は日本人と一緒にいるより，他の国の人達と一緒にいる割合が高い	.692	.479
2．私や他国の他の民族の人たちばかりいる活動に参加している	.676	.457
累積寄与率（％）	51.9	

注）削除した項目
4．私は時々，日本人同士でやる方が物事が上手く進むのにと思う
6．私は他国や，他の民族の人々に親しみを感じない

られた。因子負荷量が.04以下で低い場合や，2因子にまたがって高い負荷量を示したために削除した項目は3項目であった。結果は Table 3-2-4に示した。両因子の因子感相関は $r = .246$ であった。また「調整型セルフコントロール」のα係数は.81であり，「改良型セルフコントロールのα係数は.73であった。

(2) 属性による分析

まず対象となる留学生の性別，学籍（学部生・大学院生），専攻（文系・理系），による一元配置の分散分析によって差の検定を行った。年齢は各要因との相関を分析した。結果，異文化適応因子の「ホスト親和」で性差（男性：3.4／女性：3.7：$F(141, 1) = 7.192$, $p < .01$），関連要因の「他民族志向」において専攻による有意な差（理系：2.6／大学院：2.4；$F(140, 1) = 4.34$, $p < .05$）が明らかになった。しかし他の異文化適応感や関連要因では，いずれの有意差，及び有意な相関もなかったため，本研究では属性ごとの分析ではなく，より包括的な異文化適応の様相を明らかにすることとした。

(3) 異文化適応との関係と関連要因間の関係について

異文化適応感各因子と各関連要因の平均尺度得点による相関分析を行った（Table 3-2-5）。

「滞在国の対人スキル獲得」は全ての異文化適応感因子と有意な正の相関があった。「民族アイデンティティ」は異文化適応感因子のうち「滞在国の

Table 3-2-4 「調節型・改良型セルフコントロール尺度」の因子分析結果

	調整型	改良型	共通性
9. 憂鬱な時には，楽しいことを考えるようにしている	.882	-.052	.758
1. 不愉快な思いに悩まされる時には，何か楽しいことを考えるようにしている	.812	.027	.672
12. 落ち込んでいるときには，好きなことでもして気を紛らわせようとする	.752	-.024	.557
6. 気分が沈んでいるときには，あえて陽気に振舞い気分転換をしようとする	.741	.027	.560
13. 難しい問題にぶつかったときには，順を追ったやり方で解決しようとする	-.110	.818	.637
2. やらなければならないことがたくさんあるときには，いつでもまず計画を立てる	-.075	.662	.420
11. 仕事に神経を集中できないときには，小さな目標を立てて少しずつ処理していく	.191	.651	.522
5. しなければならないことを済ませてから，自分の好きなことをする	-.006	.604	.363
7. 忙しいときほど，規則正しい生活をしようとする	.107	.593	.395
10. 何かを決定するときには，慌てて決めないで，可能な選択肢を全て拾い出してみる	-.048	.580	.325
累積寄与率（％）	32.4	52.0	

注）削除した項目
3. 失敗でめいった気分を乗り越えようとして "これは取り返しのつかないことでもないし，何か出来ることがあるはずだ" と自分に言い聞かせることがある
4. 物事に集中できない時は，集中する方法を見つけ出す
8. 仕事に身が入らない時は，なんとか身を入れる方法を探そうとする

言語・文化」と有意な正の相関があり，また「心身の健康」には10％水準で有意傾向の負の相関が見られた。「他民族志向」はいずれの異文化適応化領域とも有意な相関は見られなかった。また「調整型セルフコントロール」は「ホスト親和」を除く異文化適応感因子と有意な正の相関が見られ，「ホスト親和」とは有意傾向の正の相関がみられた。「改良型セルフコントロール」は「心身の健康」以外の異文化適応感因子と有意な正の相関が見られた。

次に，関連要因間の相関をみたところ，「滞在国の対人スキル獲得」は「民族アイデンティティ」および「調整型セルフコントロール」との間に有意な正の関連が見られているが，民族的側面のうち「他民族志向」との相関

Table 3-2-5 各要因間の相関の結果

	滞在国の対人スキル	民族アイデンティティ	他民族志向	調整型セルフコントロール	改良型セルフコントロール
異文化適応感					
言語・文化	.732***	.220**	.071	.399***	.290***
学生生活	.394***	－.086	.043	.344***	.193+
心身の健康	.344***	－.164+	.031	.280**	.129
ホスト親和	.486***	.084	.112	.163+	.226**
滞在国の対人スキル獲得	―				
民族アイデンティティ	.209*	―			
他民族志向	.053	－.052	―		
調整型セルフコントロール	.370***	.108	－.038	―	
改良型セルフコントロール	.180*	.155	.177*	.208*	―

注）$^+p<.10$, $^*p<.05$, $^{**}p<.01$, $^{***}p<.001$

はない。また「民族アイデンティティ」は「改良型セルフコントロール」との間に有意傾向で正の相関が見られている。「他民族志向」は「改良型セルフコントロール」と正の相関がみられている。さらに「調整型セルフコントロール」と「改良型セルフコントロール」の間には有意な正の相関が見られた。

(4) **異文化適応感モデルによる検証**

　各関連要因間には相関が見られることから，影響の方向性を推定し，各関連要因の異文化適応感各因子に対する直接的・間接的影響を検討することが必要と思われた。よって，パス解析を行うこととし，Hicks・有馬（1991）の縦断調査の結果を参考に，以下のように仮説モデルを作成した。

　仮説モデルの作成　縦断調査の結果から留学生の適応は領域によって異なる進展のプロセスをたどることが分かっていることから，時間変数は適応プロセス全般に関与する外的変数であると考え，「滞在期間」を第1段階に想定した。また，留学生の内的要因は対人関係のあり方や適応などの外的要因を規定する変数として働くという考察（Hicksら，1991）から，留学生の内的要因である民族的要因「民族アイデンティティ」，「他民族志向」，と個人的

第 3 章　異文化適応感の関連要因の検討　55

要因「調整型セルフコントロール」,「改良型セルフコントロール」を第 2 段階，それが予測する要因として対外的（対ホスト）対処である「滞在国の対人スキル獲得」を第 3 段階においた。滞在国の対人スキルの獲得は，田中（1992a, b）や Fontaine（1986）によれば，異文化での生活において様々な資源を提供するものであり，滞在国での異文化適応を促進すると指摘されている。よって最終段階に異文化適応感各因子を置いた。

パス解析　この仮説にもとづくパス解析を行った。パス図は，有意水準 5 ％以下で有意なパスのみ残し，Figure 3-2-1 に示した。

まず，第 1 段階に設置した「滞在期間」からは関連要因の「滞在国の対人スキル獲得」（$\beta = .220$, $p < .01$），異文化適応感因子のうち「滞在国の言語・文化」（$\beta = .288$, $p < .001$）にのみ有意な正の関与が見られた。

第 2 段階に設置した「民族アイデンティティ」（$\beta = .175$, $p < .05$）と「調

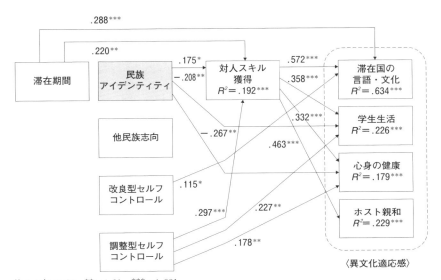

注 1 ：*$p < .05$，**$p < .01$，***$p < .001$
注 2 ：R^2 ＝累積説明率

Figure 3-2-1　異文化適応感と関連要因のパス図

整型セルフコントロール」（$\beta = .297$, $p < .001$）からは「滞在国の対人スキル獲得」に対して正の関与が見られた。さらに「民族アイデンティティ」からは異文化適応感因子の「学生生活」（$\beta = -.208$, $p < .01$）と「心身の健康」（$\beta = -.267$, $p < .01$）に負の関与が見られている。「改良型セルフコントロール」からは「滞在国の言語・文化」（$\beta = .115$, $p < .05$）に，「調整型セルフコントロール」からは，「学生生活」（$\beta = .227$, $p < .01$）および「心身の健康」（$\beta = .178$, $p < .05$）に正の関与が見られている。民族要因の「他民族志向」からはいずれも有意な関与も見られなかった。

　第3段階の「滞在国の対人スキル獲得」からは全ての異文化適応感因子に有意な関与が見られた（「滞在国の言語・文化」（$\beta = .572$, $p < .001$）／「学生生活」（$\beta = .358$, $p < .001$）／「心身の健康」（$\beta = .332$, $p < .001$）／「ホスト親和」（$\beta = .463$, $p < .001$））。

3.2.4　考察1：異文化適応の関連要因について

　研究2の目的は，民族アイデンティティが異文化における有効な要因となるのかを他の要因ともに検討することにあった。よって，本研究で検討される民族アイデンティティ以外の要因については，本研究で明らかになった結果から，異文化適応感に対する関係を考察するにとどめ，考察1として本研究の異文化適応感と関連要因の関係について考察する。そして考察2として今回の調査から推察される民族アイデンティティと自我アイデンティティとの関係を考察する。

滞在国の対人スキル獲得と異文化適応感の関連　「滞在国の対人スキル獲得」は，異文化適応の文化的側面の関連要因として検討された。単純相関の結果からは，異文化適応感の全ての因子と正の相関があり，モデルの検証においても全ての適応感因子に関与していた。この結果は，滞在国における対人スキルの獲得が，単にホストとの対人関係の充実だけでなく，文化理解や，心身の健康，学業の充実など，領域を越えて留学生の異文化適応の促進に役立

つことを示している。よって，オリエンテーションや事前学習などで，生活習慣面だけでなく，滞在国で特徴的な人間関係のあり方について知っておくことが有効であると言える。滞在国の対人スキルはおそらく文化的な背景の違いによって様々である。よって今後は，例えば国ごとに，体験談などを通してさらに具体的なパターンを分析することが，異文化適応の援助のために有意義なものとなるだろう。

民族アイデンティティ・他民族志向と異文化適応感の関連　本研究では，民族的要因を異文化適応の関連要因として，「民族アイデンティティ」と「他民族志向」の両変数をもとに検討を行った。

　パス解析の結果からは，「滞在国の対人スキルを獲得」に対して「民族アイデンティティ」がポジティブなの予測因となることが明らかになった。本結果は，「民族アイデンティティ」が高いものほど，滞在国の人間関係についての理解が高くなる可能性を示している。Phinney, et al. (1997) は，民族アイデンティティが明確であること，つまり自らの民族性について関心を持ち，それに肯定的な意識を持つことが，他民族・他文化に対する受容的態度を促進することを明らかにしている。「民族アイデンティティ」が「滞在国の対人スキル獲得」にポジティブな予測因となった背景には，このような民族アイデンティティと外の世界に開かれた態度の関連があると思われる。

　同時に「民族アイデンティティ」は異文化適応感因子の「心身の健康」と「学生生活」に対してネガティブな予測因になっていた。これは「民族アイデンティティ」と「対人スキル獲得」の相関があることによる多重共線性の影響の可能性も考えられるが，何らかの負の影響がある可能性もあり，今後詳しく検討する必要がある。今回は，関連要因間を段階ごとに設置する仮説モデルを立てたが，このモデルによると「民族アイデンティティ」は「滞在国の対人スキル獲得」を媒介変数にしている場合には，異文化適応感各因子をポジティブに予測する変数であるが，対人スキル獲得を媒介としない場合，ネガティブな予測因になる可能性があるといえる。

一方，他民族を優先する内容の「他民族志向」は，「滞在国の滞在スキル獲得」に10％水準で有意な関与が見られた。「他民族志向」は「民族アイデンティティ」との間に有意な負の相関がある。よってこの要因は日本人であることにある程度否定的な側面を内包するが，異文化において現地社会に適応する際に，このような面は有効なのだろう。今回は「他民族志向」がネガティブな予測因となっている結果は見られなかったが，上田（1977）は，日本人の傾向として相手を思いやる姿勢の中で，滞在国の文化・習慣を志向しすぎる場合があると指摘している。この傾向は日本人の持っている文化習慣として特異なものだが抑うつ症状との関連も指摘され（上田，1977），また鈴木ら（1997）が指摘する日本におけるトラブルからの逃避と滞在国の理想化という背景を持つ「病的渡航」に分類される群が含まれる場合もある。しかし，異文化の中で積極的に現地の文化を取り入れ，自分のスキルを伸ばそうとする姿勢を反映しているものとしても考えられる。

「民族アイデンティティ」と「他民族志向」には負の相関があるが，どちらも「滞在国の対人スキル獲得」のポジティブな予測因となっていた。この点からは，日本人留学生の異文化適応には，民族意識の持ちようによって異なる方向性が存在する可能性が推察できる。1つは「自らの民族性を肯定的に意識しながら，異文化に適応する方向」であり，もう1つが「自民族以上に他民族を志向して，異文化に適応する方向」である。

本研究では先行研究に倣い「民族アイデンティティ」を1因子で検討した。日本人留学生を対象にした場合でも，「民族アイデンティティ」の有効な働きが示されたが，一方で，今回の結果からはポジティブ・ネガティブ両方の要因になる可能性が示された。この点は一時滞在者である日本人留学生の「民族アイデンティティ」が，先行研究で対象としていたマイノリティ青年の特徴とは異なっている可能性を示唆している。したがって今後，心理サポート要因として考えていく際に，「民族アイデンティティ」についてはより詳細に検討していく必要があると思われる。

セルフコントロールと異文化適応の関係 セルフコントロールは，留学生活というストレス状況における個人的要因として異文化適応との関連が検討された。両セルフコントロールが有意な正の相関を示したことからは，杉若 (1995) の指摘するように，互いに促進しあって働いていることが示唆される。また異文化適応感各因子だけでなく，「対人スキル獲得」と両セルフコントロールにも正の相関があった。パス解析では「調整型セルフコントロール」が「滞在国の対人スキル獲得」と異文化適応感因子の「言語・文化」，「心身の健康」，「学生生活」に関与していた。

よって，異文化での問題に対処する際，上手く気分転換したり，「なんとかなるさ」と思う情動コントロールが，特に有効であると分かった。さらに，杉若 (1995) によると，自分なりの課題を設定する「改良型セルフコントロール」は，同時に満足の遅延が発生するため，その有効性は生じてくる欲求不満やストレスに上手く対応する「調整型セルフコントロール」の働きにかかっているという。このことが，「改良型セルフコントロール」からは直接的な関与がみられなかった理由の1つではないだろうか。また，「調整型セルフコントロール」のみ「滞在期間」が関与を示していた。このことから滞在期間が長いものほど，ストレスに対処するための自分の情動のコントロールが上手くできるようになる可能性が示唆された。

時間変数と異文化適応の関係 「滞在期間」は関連要因のうち「調整型セルフコントロール」と「対人スキル獲得」，異文化適応感因子の「滞在国の言語・文化」に対するポジティブな予測因になっていた。滞在国の対人スキルや言語・文化の習得は，特に現地での文化的習慣における慣れを示す因子といえる。縦断的調査によると，それらは滞在が長期化するほどに向上が見られ，滞在に伴う経験の蓄積に応じて適応が進むものとされる (Hicks & 有馬, 1991)。本結果も先行研究の知見を支持するものであった。特に第2段階に設定された内的要因のうち「民族アイデンティティ」や「他民族志向」については，滞在期間の影響を受ける可能性を推察できたが，単純に時間の長短

によって推移するものでないことが示唆された。特に時間的変数の影響を受けなかった要因については，その領域によって適切な時期に適切なサポートを提供するために，質的調査を含む検討が今後の課題となるだろう。

3.2.5 考察2：民族アイデンティティと自我アイデンティティの関係

本章では「適応」という複雑な概念を扱う際，手がかりになる関連要因を検討し，さらに方向性を推定し，変数間の構造を明らかしよう検討を進めてきた。考察2では研究2から考えられる民族アイデンティティと自我アイデンティティの関係について考察し，今後の研究の方向性を明らかにしたい。

本研究で検討した「民族アイデンティティ」は「心身の健康」や「学生生活」といった適応領域に対してネガティブな予測因になっていた。この結果はマイノリティ青年を対象にした先行研究の傾向とは異なっている。日本人留学生の「民族アイデンティティ」が異文化で集団アイデンティティの一側面として働く際に，何らかの負の要因を内包している可能性を示唆する。「民族アイデンティティ」のどのような側面がこうした結果をもたらすのか，さらに明らかにする必要がある。

井上（1993）は防衛機制としての「共有された否認」の存在を指摘した。この防衛機制は，マイノリティとして異文化での自我アイデンティティの維持を助けるために用いられる否認である。この否認自体は，マジョリティもしくはマイノリティのいずれかを否認することで自我アイデンティティを維持しようとする機能を示す。「民族アイデンティティ」が異文化適応感の「心身の健康」や「学生生活」に対するネガティブな予測因になったのは，民族性を意識して愛着を持ったり，より深く理解しようとすることには，「共有された否認」のようにマジョリティの否認につながるかもしれない。このような防衛機制の働きによって適応感がさがる可能性があるのではないだろうか。

本論の民族アイデンティティにおける仮説は，異文化接触における民族アイデンティティが，現地での重要な集団アイデンティティとして顕在化し，自我アイデンティティや異文化適応感のあり方を支える役割を果たすというものである。本章のパス解析の結果から，民族アイデンティティは単にポジティブな関連要因ではないことが分かった。よって次章では，さらに詳しく民族アイデンティティの性質について検討する。

第4章　民族アイデンティティ尺度の作成

4.1　研究3　問題と目的

　第3章では，日本人留学生の民族アイデンティティが異文化適応感に関わる要因としてはポジティブな要因になると同時にネガティブな要因になる両義的な性質を持つ可能性が明らかになった。

　異文化における民族アイデンティティの役割をさらに詳しく検討するため，本章では研究2で用いた民族アイデンティティ尺度（民族アイデンティティ尺度：MEIM; Phinney, 1992）は，日本人青年であっても様々な民族に共通の構成要因（「探索（exploration）と「愛着・所属感（affirmation/belonging）」）が確認できるものなのかを検討する。この検証によって，日本人留学生の民族アイデンティティの構成要因を定めることができ，本論文の今後の分析で日本人留学生の民族アイデンティティの役割をより具体的に明らかに出来ると考える。

　この尺度を用いた先行研究では，マジョリティ青年の民族アイデンティティは，マイノリティ青年に比べて低いことが明らかになっているが，この尺度はマイノリティ・マジョリティを問わず様々な民族における普遍的な構成要因を想定されて開発されたものである。よって本研究でも日本人留学生だけでなく，国内の日本人青年に対しても調査を実施し，この尺度について検討する。

　尺度の妥当性の検討は以下のように行う。この尺度はマイノリティ・マジョリティや民族集団を問わず民族アイデンティティを検討できるものとされている。よって，日本人留学生と国内の日本人青年における構成概念妥当性

を明らかにするため，因子構造の確認を行う。因子構造は，「探索」と「愛着・所属感」の2因子が追認できると予想される。

次に基準関連妥当性を明らかにするために，尺度に解答してもらった学生に民族アイデンティティ尺度の構成要因と同じ要因（「探索」，「愛着・所属感」）によるインタビューを行いその評定値と尺度の平均尺度得点の相関を見る。インタビューの評定は植松のほか2名の心理学系の大学院生によって行っている。プロトコルデータを質的に分析した内容で明らかになる値と，尺度の得点は同等であることが予測される。

また尺度の信頼性を検討するために，内的一貫性の指標であるα係数を求める。さらに安定性の検討のため，異文化環境にはなく民族アイデンティティの得点が安定していると予測される国内学生に再テスト法を実施する。理論的には彼らは民族性に焦点が当たらない環境にいるためマジョリティの民族アイデンティティの特徴を持つはずであり，再テスト後も尺度得点の差は見られないことが予測される。

4.2 方法

調査対象者

(1) 北米に留学中の日本人留学生267名である。なお，調査時期ごとの人数はA群143名（男性75名；女性68名／平均年齢25.7歳（$SD=4.54$）），B群122名（男性59名；女性63名／平均年齢25.9歳（$SD=5.77$））である。彼らの詳しい属性はTable 2-1に示している。

(2) 関東圏の大学に通う国内大学生335名（男性164名，女性169名：欠損2／平均年齢20.9歳（$SD=1.49$））である。このうち，39名に1ヶ月後に再テストを実施した。

(3) 日本人交換留学生25名（男性8名，女性17名／平均年齢20.5歳（$SD=.77$））である。彼らには妥当性検証のために半構造化面接と民族アイデンティティ

尺度を実施した。

調査時期

(1)日本人留学生A群は2000年5月から10月であり，B群は2006年10月～2007年6月と2008年1月～4月に，それぞれ調査を実施した。

(2)国内学生は2006年8月と10月に調査を実施した。

(3)2005年（21名）と2007年（4名）の8月～10月にそれぞれ実施した。

調査方法

(1)日本人留学生は，合計21の学生団体・留学生ネットワーク[1]，及び個人に調査を依頼し，E-mailもしくは郵送にて調査用紙を配布し回収した。E-mailを使用する際は匿名性に配慮し，追調査への協力もしくはフィードバックの希望がある場合を除いてアドレスを即時削除することを伝えた。

(2)国内学生は，関東圏の大学において授業後に質問紙を配布し回収，もしくは後日郵送にて個別に回収した。

(3)留学後1ヶ月以内に民族アイデンティティに関する半構造化面接を実施し，同時に民族アイデンティティ尺度を実施した。

質問の内容

(1)民族アイデンティティ尺度

"民族アイデンティティ尺度"（Multigroup Ethnic Identity Measure; Phinney, 1992）を用いた。研究2で翻訳したものと同じ項目を用いている。項目は14項目からなり，回答形式は"あてはまる"から"あてはまらない"までの4件法である。

---

[1] 依頼組織　Japanese Student Association（ミズーリ・コロンビア大学，スタンフォード大学，サンフランシスコ州立大学，オレゴン大学，カリフォルニア州立大学Long beach校，カリフォルニア州立大学Irvine校，コーネル大学，マサチューセッツ工科大学，アリゾナ州立大学，コロラド州立大学，ハーバード大学，ネバダ大学，カンザス州立大学，オクラホマ州立大学，カンザス大学，ブランディ大学，デンバー大学），Japanese Student Network，ピッツバーグML，未来へ.com

(2) **フェイスシート**

両親と自分自身の国籍を尋ねる項目，年齢や性別，学籍，滞在期間といった属性を尋ねている。また今回の調査の性質上，両親と対象者本人がともに日本国籍であるもののみを対象にした。

(3) **半構造化面接**

対象者(3)のみに実施した。本研究で用いる民族アイデンティティ尺度の構成要因とされる「探索」と，「愛着・所属感」の側面を一貫して用いることが出来るよう質問内容を設定し，自分の民族性への「探索」は「日本や日本人について知ろうとしたり，学んだりしたことはありますか？」と尋ねた。民族集団への「愛着」は「日本や日本人であることに愛着や誇りはありますか？」とした。

4.3　結果

(1) **探索的因子分析**

初めに探索的因子分析（最尤法）を実施したところ，2因子が抽出された (Table 4-1)。第1因子は"私は自分が日本人であることが，どんな意味を持つか良く考える"や"私は日本人の持つ歴史・文化などをより深く知るため，色々な人と話し合ってきた"など，日本人であることの意味や日本の文化・歴史について探索しようとする項目から構成されているため「探索（exploration）」と名づけた。また第2因子は"私は自分が日本人であることを幸せに思う"や"私は日本の文化や文化的背景を好ましく思う"など，自分が日本人であることや自分の出自に対する肯定的な認識を示していることから「愛着・所属感（affirmation/belonging）」と名づけた。2つの因子を構成する項目の内容は，先行研究を構成する因子の内容とほとんど同じものであり，この結果は先行研究の因子構造を追認できたと考える。また2因子には有意な正の相関がみられている（$r=.269, p<.001$）。

Table 4-1 民族アイデンティティ尺度の因子負荷量（最尤法）

	因子1	因子2	共通性
私は自分が日本人であることが，どのような意味を持つかよく考える	.937	－.070	.952
私は，日本人であることが，私の人生にどのように影響するのかよく考える	.781	－.016	.610
私は日本人の持つ歴史・文化をより深く知るため，いろいろな人と話し合ってきた	.596	.128	.371
私は自分が日本人であることが，人生にどのような意味を持つのかよく分かっていない（反転）	.469	.005	.246
私は自分が日本人であることを幸せに思う	－.275	.744	.629
私は日本人を誇りに思う	.171	.692	.451
私は日本人に強い愛着を感じる	.214	.636	.506
私は日本の文化や文化的背景を好ましく思う	.274	.580	.411
累積寄与率（%）	40.0	62.9	

なお負荷量が.40以下で低い場合や両因子に負荷量が高いために除外したのは，"私はこれまでに日本人のこと（歴史・文化・習慣など）をより深く知ろうとしてきた"，"私は自分が日本人であることを強く意識する"，"私は日本人の歴史・文化について，より深く学ぼうとしたことはない"，"私は食べ物・音楽・生活スタイルなどで日本的な習慣を実践している"，"私は自分が日本人であるということをはっきり分かっている"，"私は日本人ばかりの集団では積極的になる"の6項目である。

(2)妥当性の検討

①構成概念妥当性　国内学生と留学生群を対象にしている。よって共分散構造分析（SEM）を用いた多母集団因子分析によって，探索的因子分析で得られた因子構造の妥当性を確認した。

結果，配置不変分析の適合度は AGFI（.926），CFI（.971），RMSEA（.037）であった。また測定不変分析では，RMSEA（.039）であり，AIC（206.341）は配置不変の AIC（205.157）に比べると僅かに高いが，この2因子モデルを採用することはできる範囲だと思われる。よって，仮説は支持さ

れ，本研究では民族アイデンティティとしてこれらの項目によって構成される2因子構造を採用することとした。

②基準関連妥当性　対象者(3)に実施したインタビューデータの評定値を外部基準の指標と考え，同時に実施した民族アイデンティティ尺度との関連を検討する。インタビューデータの評定は植松と心理学系の大学院生2名で行い，構成要因ごとに評価した（range：1～3）。アイデンティティ尺度の得点（range：1～4）は因子ごとに平均尺度得点を産出し，それとインタビューデータの評定値の相関分析を行った。結果，いずれの構成要因も有意な正の相関が確認できた（Table 4-2）。

(3)信頼性の検討　内的一貫性の指標であるα係数を求めたところ，第1因子は.80，第2因子は.79であり，十分に後の分析に耐える一貫性が示されたと言える。

尺度の安定性は，環境の影響によって変化がないことが予測される国内学生39名を対象に1ヶ月後の再テストを実施した。1回目と2回目の尺度得点を因子ごとに産出し，再検査信頼性係数（ピアソンの信頼性係数）を分析したところ，結果，「探索」（$r=.778$, $p<.001$），「愛着・所属感」（$r=.842$, $p<.001$）であった。この値は一般的に.80程度が望ましいとされている。よってこの尺度が十分な安定性を備えた尺度であることが示されたと言えるだろう（Table 4-3）。また，両因子の平均尺度得点の差の検定を行ったが，ここでも有意な差は検出されなかった（Table 4-4）。

Table 4-2　インタビュー評定値と下位尺度の相関

	探索経験の評定値	愛着についての評定値
民族アイデンティティ探索	.412*	.153
民族アイデンティティ愛着・所属感	.219	.401*

注）*$p<.05$

Table 4-3 再検査信頼性係数

	民族アイデンティティ探索（2回目）	民族アイデンティティ愛着・所属感（2回目）
民族アイデンティティ探索（1回目）	.778***	―
民族アイデンティティ愛着・所属感（1回目）	―	.842***

注）***$p<.001$

Table 4-4 再検査 尺度得点の値

	国内学生 $N=39$		
	平均	SD	分散分析
民族アイデンティティ探索（1回目）	2.2	(.68)	ns
民族アイデンティティ探索（2回目）	2.2	(.76)	ns
民族アイデンティティ愛着・所属感（1回目）	3.1	(.64)	ns
民族アイデンティティ愛着・所属感（2回目）	3.1	(.60)	ns

4.4 考察

因子分析の結果から明らかになった「探索」と「愛着・所属感」の2因子は，有意な相関あり，内容も先行研究で検証されている結果と同じように解釈できるため，日本人青年に対しても，先行研究と同様に，この尺度の構成要因は妥当であることが分かった。なお「愛着・所属感」は後の改訂版尺度において「コミットメント（commitment）」と名前を変えられているが（Phinney & Ong, 2007），Marcia（1966）におけるコミットメントの定義は「積極的関与」という探索経験とコミット対象への感情を内包する言葉であり，「愛着・所属感」は本因子を構成する項目の内容をより的確に表していると思われるため，本研究ではもとの因子名をそのまま用いることにする。また妥当

性と信頼性の検討を行った結果からは，本尺度が今後の分析に耐える水準に達した尺度であると解釈できる。

　この尺度は Marcia（1966）の行ったアイデンティティ・ステイタス（ego identity status）の研究を基盤にしている。本研究では集団アイデンティティと自我アイデンティティの関係に基づき，まずアイデンティティ・ステイタス研究で明らかになることを整理し，この尺度によって明らかになる民族アイデンティティの構成要因が明らかにするものについて考察する。

　青年期におけるアイデンティティ発達　はじめに Erikson の言及する青年期のアイデンティティ発達の特徴を，集団アイデンティティと自我アイデンティティの関係に基づいて整理する。Erikson（1964）は「根こぎ感（up-rootedness）」に言及した際に，こうした喪失がごく自然に起こる時期が青年期であると述べている。青年は身体的成長，社会的関心の拡大，認知能力の発達など変化が著しく，このような発達的危機に直面する。そのため，いわば新たな受け皿として，それまで持っていた幼児期・児童期のアイデンティティから，新たなアイデンティティを再構成する必要が出てくる。このような，アイデンティティ・クライシス（identity crisis）を，集団アイデンティティと自我アイデンティティの関係から考察するならば，発達的変化の中で，それまで持っていた自分の価値観や行動・思考のバックグラウンドとする集団アイデンティティが根こぎ状態（危機）になり，自我の統合機能の揺らぎと重なって自我アイデンティティも揺らいでしまう状態ということができる。

　Erikson（1964）は「本物のアイデンティティ（true identity）は，若者が自分にとって重要だと思う社会集団（social groups），すなわち彼の階層，国家，文化によって特徴付けられる集合的なアイデンティティの感覚（the collective sense of identity）の支えによって決められる（p. 93）」とした。すなわち青年期のアイデンティティの再構成には集団アイデンティティの支えが必要だと考えたのである。発達的危機によって青年の自我アイデンティティが揺らぐ際に，自我は家族や仲間以外の指導的な人物及びイデオロギーに同一化

(identification[2])を行う。つまり，青年は自らの理想や希望を反映するものに同一化し，そこに自らのエネルギーを投入する。いわば，自らを方向付け，やり直すといった努力を続けるのである。このような同一化は，集団アイデンティティの再構成にもつながるだろう。

青年期の様々な試行錯誤の中で，青年は「変化していく運命に直面しながら，斉一性（sameness）と連続性（continuity）を保つ自我の能力（the capacity of the ego）（Erikson, 1964, p. 96）」を発達させていく。そして次第に自我によって青年の生きる文化的環境が基盤とする基本的価値を十分に取り入れた，柔軟性を持ったアイデンティティを確立するのである。

アイデンティティ・ステイタス研究 Marcia（1966）は，こうしたErikson のアイデンティティ発達論から，アイデンティティの発達に必要な基準として「危機（crisis）」と「積極的関与（commitment）」に注目した。「危機」とは役割の試みと選択のための意思決定の時期を示すものであり，「積極的関与」とはそれに傾倒して打ち込むことを示している。つまり，Marcia は青年の根こぎ感による揺らぎを「危機」という意思決定の時期として捉え，その時期に自我が様々な重要な領域に同一化する過程を「積極的関与」として捉えようとしたのだろう。そして特に，職業・宗教・政治の3領域を重要な領域とし，その領域に対する「危機」と「積極的関与」を評定した。これにより，青年期のアイデンティティ発達のプロセスを明らかにしようとしたのである。この3つの領域は，本研究が依拠する理論的枠組によれば，集団アイデンティティ（自分の体験を組織化するやり方）にも関連する内容を含んでいる。Marcia のアイデンティティ・ステイタス研究は，こうした重要な領域についての明確化の程度によって，自我アイデンティティという心理社

---

2) 精神分析における用語の一つで，模倣，感情移入，共感などのような心理学上の概念に対応している。ある主体が他の主体の外観，特性，属性を自分のものとして，その手本にしたがって全体的，もしくは部分的に変容する心理的プロセスを示す（精神分析用語辞典：Laplanche et al, 1977）。

会的な現実感覚がどれだけ獲得されているかを捉えようとした。

　ただしこの3領域は，青年の自我が同一化を示す領域としてEriksonの記述の中から，いわば操作的に選ばれたものという問題がある。最初のアイデンティティ・ステイタス研究から6年後の追試（Marcia, 1976）で，アイデンティティ・ステイタスから下がったものがいた。この結果については様々に議論されているが，集団アイデンティティの観点から考えると，職業領域，政治領域，宗教領域といった領域が，6年後の集団アイデンティティにおいてどれほど重要な領域になっているのかが検証されなかったために生じた問題ではないだろうか。すなわち，成人期に重要になると仮定される集団アイデンティティの指標を加えて，対象者のアイデンティティ・ステイタスを評定した場合，その場合はまた違った結果が見られたのではないかと思われる。

　民族アイデンティティ尺度（MEIM）で明らかになるもの　Phinney（1992）によって開発された多民族アイデンティティ尺度は，このMarcia（1966）の提案した「危機」と「積極的関与」が見られる重要な領域を，民族性の領域に限定したものである。

　民族アイデンティティの構成要素とされる「探索」は自分の民族性について積極的な関心を持って探索する経験であり，また「愛着・所属感」は自分の所属する民族集団に対する肯定的な感情である。これらは両方とも自分の民族性が，Eriksonが述べたように"若者が重要だと思う社会集団，すなわち彼の階層，国家，文化によって特徴付けられる集合的なアイデンティティの感覚の支え"になっているかどうかの指標として考えることができるが，性質の異なるものである。したがって，この尺度で明らかになる民族アイデンティティのステイタスだけでなく，自分の民族性という領域への自我の同一化の指標になる構成要因「探索」，「愛着・所属感」の性質の違いに注目して，要因ごとに検討する必要がある。そしてこれらの構成要因については，本章において日本人青年でも確認することができた。

　民族アイデンティティは複数の文化圏で生活する人にとって重要な集団ア

イデンティティの領域であるとされる（Phinney, 1990；井上, 1993）。では，ある程度の年齢まで日本で生活し，さらに一時的滞在者である日本人留学生についてはどうだろうか。海外渡航によって生じるマジョリティからマイノリティへの移行と異文化環境への移行は，民族性への焦点を促すのだろうか。日本人留学生の民族アイデンティティが，自我アイデンティティや異文化適応感にどのような働きをしているかを明らかにする前に，まず国内環境で生活する国内学生との比較や縦断調査によって，異文化環境で民族アイデンティティが顕在化しているのかを明らかにする。さらに，民族アイデンティティの顕在化は，量的な分析だけでなく，集団アイデンティティの一側面として機能するようになるのかどうかを質的な分析によって明らかにする必要があるだろう。よって，次章では国内学生との比較検討（研究4），および縦断調査（研究5の分析5-1）と質的な検討（研究5の分析5-2）を行う。

第 2 部　仮説に対する実証研究

第5章 民族アイデンティティの顕在化の検討

5.1 異文化において民族アイデンティティは顕在化するのか？

　前章までに第1部としての研究1～3を行った。研究1では異文化適応感尺度を作成し，研究2では異文化における民族アイデンティティの重要性を他の関連要因の中で確認し，研究3では民族アイデンティティ尺度を作成した。本章以降は第2部として，第1章で述べた本論文の仮説を検証する。

　本章では，仮説1「集団アイデンティティの一側面である民族アイデンティティは，異文化において国内にいる時より顕在化するようになる」について検討する。この仮説を検証するために，2つの研究を行う。初めに研究4として研究3で作成した民族アイデンティティ尺度を用いて日本人留学生と国内学生を比較する。そして研究5では縦断調査を行い，異文化接触によって民族性の捉え方がどのように変化するのかどうかを明らかにする（分析5-1）。

　さらに，集団アイデンティティの一側面として民族アイデンティティが働いているのかどうかを，研究5のプロトコルデータから質的に検討する（分析5-2）。

5.2 研究4 異文化における民族アイデンティティ：国内学生との比較検討

5.2.1 目的と仮説

研究4では，研究3で作成した民族アイデンティティ尺度を用いて，日本人留学生と国内学生の違いを比較する。研究3で考察したように，本研究で検討する民族アイデンティティ尺度は自分の民族性に関心を持ってより深く知ろうとする「探索（exploration）」と，自分が所属感を持っている民族集団を肯定的に捉えている「愛着・所属感（affirmation/belonging）」の2側面を構成要因として持っている。民族アイデンティティが異文化環境で顕在化すれば，この構成要因がいずれも顕著になると思われる。

Phinney (1990) の民族アイデンティティ発達モデルから推察すると，国内にいる日本人青年の民族アイデンティティは多文化・多民族社会のマジョリティ青年と同じような特徴を持つと思われる。彼らはおそらく自分の民族性への関心が低く，民族アイデンティティの(1)探索も(2)愛着・所属感も低いだろう。

しかし異文化環境では，自分と異なる文化的背景を持つ人々と触れ合い，生活・文化的習慣の違いに直面する。また，マイノリティに属性が移行することで，国内ではほとんど意識せずにすんでいた民族性を意識するようになると思われる。国内では当たり前のこととして沈潜していた，自分の民族性の背景にある文化や価値観を意識するのではないだろうか（i.e., Phinney, 1990; 井上，1993）。すなわち，異文化環境で生活する日本人留学生は先行研究のマイノリティ青年と同じように(1)探索も(2)愛着・所属感も高くなると思われる。

仮説

日本人留学生は異文化環境において民族性を明確に自覚しており，民族ア

イデンティティ「探索」・「愛着・所属感」は国内学生よりも高い。(仮説5-1)

5.2.2 方法

調査対象者

(1)北米に留学中の日本人留学生122名（男性59名；女性63名／平均年齢26.0歳（$SD=5.83$））である。彼らの詳しい属性は Table 2-1（B群）に示している。

(2)国内学生として関東圏の大学に通う国内大学生335名（男性164名；女性169名／欠損2／平均年齢20.9歳（$SD=1.49$））

調査時期

(1)日本人留学生：2006年10月〜2007年6月と2008年1月〜4月

(2)国内学生：2006年8月と10月

調査方法

(1)日本人留学生は，合計21の学生団体・留学生ネットワーク[1]，及び個人に調査を依頼し，E-mail もしくは郵送にて調査用紙を配布し回収した。E-mail を使用する際は匿名性に配慮し，追調査への協力もしくはフィードバックの希望がある場合を除いてアドレスを即時削除することを伝えた。

(2)国内学生は，関東圏の大学において授業後に質問紙を配布し回収，もしくは後日郵送にて個別に回収した。

質問紙の内容

(1)研究3で検討した「民族アイデンティティ尺度」8項目（4件法）と(2)

---

[1] 依頼組織　Japanese Student Association（ミズーリ・コロンビア大学，スタンフォード大学，サンフランシスコ州立大学，オレゴン大学，カリフォルニア州立大学 Long beach 校，カリフォルニア州立大学 Irvine 校，コーネル大学，マサチューセッツ工科大学，アリゾナ州立大学，コロラド州立大学，ハーバード大学，ネバダ大学，カンザス州立大学，オクラホマ州立大学，カンザス大学，ブランディ大学，デンバー大学），Japanese Student Network，ピッツバーグ ML，未来へ.com

フェイスシートである。

5.2.3 結果

民族アイデンティティの「探索」と「愛着・所属感」の両構成要因において，国内学生群と日本人留学生群による一元配置の分散分析による差の検討を行った。

結果，民族アイデンティティ「探索」では，国内学生（2.33；$SD=.66$）よりも留学生（2.97；$SD=.67$）のほうが有意に得点が高いことが明らかになった（$F(1,454)=81.215, p<.001$）。また「愛着」も同様に国内学生（3.18；$SD=.57$）よりも留学生（3.39；$SD=.52$）のほうが有意に高い値であることが明らかになった（$F(1,454)=12.079, p<.001$）。よって仮説5-1は支持された。結果のグラフをFigure 5-1に示す。

5.2.4 考察

本研究では異文化環境にいる日本人留学生と国内学生を比較した。結果，日本人留学生は国内学生に比べて，民族アイデンティティ「探索」，「愛着・所属感」ともに有意に高かった。異文化では自分の民族性をより明確に捉えていることが示された。

異文化環境では，滞在先と自らの文化的背景を比較する機会が増えると思われ，こうした経験は自分が日本人であることの意味や文化・歴史的背景についての関心を高めるのだろう。

研究4では横断調査による量的データを扱っているが，民族アイデンティティが異文化環境で顕在化するのかは，同じ個人を縦断的に調査し，民族性の捉え方に変化があるのかを見ておく必要がある。よって次の研究5では，縦断調査を行いこの点を明らかにする（分析5-1）。また，民族アイデンティティが集団アイデンティティの一側面として働いているのかどうかは，民族アイデンティティ尺度の得点の差だけでは確認できない。よってこの点は

第5章 民族アイデンティティの顕在化の検討　81

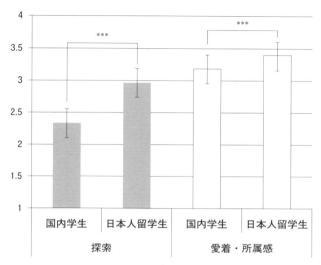

Figure 5-1　民族アイデンティティ各要因の差

質的な分析によって明らかにする（分析5-2）。

5.3　研究5　異文化における民族アイデンティティ：縦断調査と質的検討

5.3.1　目的と仮説

　研究4の結果から，異文化環境は自分の民族性への関心を高め，「探索」が示すようなより深い理解への志向が高まることや，「愛着・所属感」が示すような自分の民族性への肯定的な意識を高めると思われる。しかし横断データによる比較検討だけでは日本人留学生群がもともと自分の民族性への探索傾向が高い可能性も否定できず，また個人内の変化は明らかにできない。
　よって研究5では，縦断調査によって異文化環境で民族性の捉え方がどう

変化するのか分析5-1で明らかにする。調査方法としては半構造化面接法による検討を行う。民族アイデンティティ発達の研究では，マジョリティ青年は民族アイデンティティを事実以上に意識をしておらず民族アイデンティティの発達段階を評価するのが難しいとされている（Phinney, 1989）。このような指摘を踏まえ，研究5の分析1では日本人青年の民族アイデンティティのあり方についてインタビューを行い，質的な分析によって研究4の結果を追認し，環境の移行による変化を捉えたい。

さらに本研究が注目する集団アイデンティティと自我アイデンティティの関係に基づいた民族アイデンティティのあり方を検討していくためには，民族アイデンティティが自分の経験を組織化する働きを持ち，集団アイデンティティの一側面として働くのかを検証する必要がある。第1章で述べたように本研究の集団アイデンティティの定義は，個人が生まれた社会が持っている文化，理想，価値観など，ある集団がそこに所属する個人の経験を組織化するやり方を内包する集団に支えられる感覚である。したがって，"異文化で民族アイデンティティが集団アイデンティティの一側面として顕在化している"というためには，異文化における自分の思考や行動の背景にある，日本の文化や歴史，価値観を内包する民族性を実感していることを確かめる必要がある。よって研究5の分析2では，インタビュー内容を分析することで，この点を明らかにしたい。

仮説

(1) 日本人留学生は，異文化での経験を通して自分の民族性をより明確に捉えるようになり民族アイデンティティ発達がみられる（仮説5-2）。
(2) 日本人留学生は，異文化での自分の行動や思考のよりどころとして民族性を自覚するようになる（民族性を基盤にした集団アイデンティティの働きが確認できる）（仮説5-3）。

第5章　民族アイデンティティの顕在化の検討　83

5.3.2　方法

調査対象者

　日本人交換留学生25名である（男性8名，女性17名／平均年齢20.5歳（$SD = .77$））。留学先は，アメリカ10名，イギリス6名，ドイツ2名，ポルトガル2名，フランス2名，イタリア，スペイン，中国各1名であり，1年以上の海外滞在経験がある帰国子女11名，および1週間〜3ヶ月未満のホームステイおよび語学研修の経験がある者は7名であった。また平均留学期間は10.4ヶ月（$SD = .83$）である。

調査時期

　2004年6月から2005年10月（21名）と2006年の6月から2007年の10月（4名）である。留学前のインタビューは出国前1ヶ月以内，留学後のインタビューは帰国後1ヶ月以内に行っている。

調査方法

　関東圏の大学において，交換留学の窓口となる国際センターや国際交流課に依頼し，調査協力者をポスター掲示によって募集した。

質問内容

　半構造化面接を実施するにあたり，本研究で用いる民族アイデンティティ尺度の構成要因である「探索」と「愛着・所属感」と一貫した内容を検討出来るよう，民族アイデンティティ発達の構成要因（Phinney, 1992; Phinney et al., 2007a）を参考に質問項目を作成した。

　構成要因は，自分の民族集団についての「探索」と「愛着・所属感」からなる。「探索」と同様に「愛着」は「所属感」が前提となっているが，それぞれ別の内容であると考え，本調査では「愛着・所属感」は「愛着」と「所属感」に分けて尋ねた。よって「所属感」は「自分が日本人であると意識していますか」と尋ね，「愛着」は「日本や日本人であることに愛着・誇りはありますか？」，「探索」は「日本や日本人について知ろうとしたり，学んだ

りしたことはありますか？」と尋ねている（Table 5-1）。意識する場面や愛着を持つ対象，及び探索経験がどのように行われたのかについて自由に語ってもらい，内容についてはできるだけ具体的になるように心がけた。また，年齢，属性，滞在期間などのフェイスシートを事前に配布し，記入してきてもらった。

分析の仕方

ICレコーダー，及びオーディオプレーヤーを用いて録音したインタビューデータを逐語化し，先行研究（Phinney et al., 2007b）の基準を参考に，民族アイデンティティ・ステイタスに分類した。分類の際には，各ステイタスの特徴を明確にしたうえで，どのステイタスに分類するのかがより明らかになるように，はじめに質問内容の3側面「所属感（意識）」，「愛着」，「探索」について1点から3点に評定し，その評定を基準にしてステイタスの分類が出来るようにしている。

逐語データは，植松と心理学専攻の大学院生2名によって評定され，その評定にもとづいて分類を行う。評定者の一致率（ケンドールの一致係数率）は，留学前が$\kappa = .81$（$p < .001$），留学後は$\kappa = .79$（$p < .001$）であった。以下に詳しい手順について述べる。

手順1）所属感（意識）・愛着・探索の3側面を評定する　評定は質問内容ごとに行うが，例えば「所属感（意識）」についての質問に答えているプロ

Table 5-1　民族アイデンティティに関する質問内容

構成要因	質問内容
所属感（意識）	自分が日本人であると意識していますか？ それはどういう場面ですか？
愛着	日本や日本人であることに愛着・誇りはありますか？ それはどのようなものですか？
探索経験	日本や日本人について知ろうとしたり，学んだりしたことはありますか？ どのような体験でしたか？

トコルであっても「愛着」や「探索」に関連する言及がある場合は，質問内容の枠にこだわらず，参考にして評定した。

(1) **所属感（意識）**　自分の民族性への「所属感がある」とする場合には，単なる事実以上に意識されている時に，より高い段階で評定される。事実としての認識でも意識していることにはなるが，所属感（意識）の側面は，重要な社会集団として自分の民族を認識しているかどうかに関わる点である。よって，単なる国籍や事実以上のものとして自覚をしているかどうかは一つの基準になる。また「所属感がない」場合というのは，自分が日本人であることを意識したことがない場合や，めったに意識しないもの，および関心がないものとした。

(2) **愛着**　自分の民族性への「愛着がある」というのは，自分が日本人であることや，日本の持っている文化・社会的な側面，及び日本人の持っている性質などに対する愛情や誇りなどの肯定的な感情が見られる場合である。また対象となる領域（ここでは民族性）に何らかの感情があることは，「積極的関与 commitment」の指標とされている（Marcia, 1994）。よって本研究では，民族性に対するアンビバレントな感情や嫌悪など否定的な感情であっても愛着の枠組みに入れて評定することにした。よって「愛着がない」と評定されるものは，自分が日本人であることや日本の文化・社会，および日本人の性質などについて，特に何らかの感情を持たないものとなる。

(3) **探索**　「探索経験がある」というのは，自分の民族性に対して積極的な関心を持ち，それらをより深く理解するための行動を現在しているもの，もしくは過去にしてきたものである。ただし学校の授業で学んだ経験については，特別なものとしての言及がない限り，探索経験には含まない。また「これから勉強しようと思っている」といった予定は「探索経験なし」とした。よって「探索経験なし」に評定されるものは，特に日本人の民族性に対する関心が低く，これまで特別に理解のための行動をしたことがないものである。

　以上の基準をもとに，評定は1「なし」，2「ややある」，3「ある」の3

段階で行った。3側面の評定基準とプロトコル例として2ケースずつ[2] Table 5-2に示した。なお提示の際，具体的な言葉は内容が変化しないように注意しながら，別の抽象度の高い言葉に言い換えてある。

手順2）民族アイデンティティ・ステイタスに分類する　手順1の評定にもとづいて，民族アイデンティティ・ステイタスに分類する。民族アイデンティティ・ステイタスについては，Phinney et al. (2007b) を参考に分類した（Table 5-3）。ただし，本研究の対象は，留学生という一時的滞在者であり，Phinney et al. (2007b) が対象とするアメリカに在住のマイノリティ・マジョリティ青年とは異なっている。すなわち，留学によってマジョリティからマイノリティへの移行，及び異文化接触を経験する場合と，生まれた時から他民族との接触があり，日常的にそうした環境で生活する場合では条件が異なっているだろう。よって本研究の対象者に合わせて，以下のように分類の改編を行った。

　民族アイデンティティ・ステイタスには「民族アイデンティティ達成（ethnic identity achievement）」というステイタスがある。これは，自分の民族性の意味やそれに関する理解するための努力をしたことがあり，そうした理解に基づく明確な所属感を持つ，もっとも成熟した段階とされる（Phinney et al, 2007b）。しかし本研究の対象者は，海外滞在期間が1年程度の交換留学生であるため，ステイタス分類の中に，このような時間をかけた民族性の理解の積み重ねによって得られる安定した状態を示す段階を設定することは適当でないと考える。そこで本研究では「民族アイデンティティ達成」は含まずに，アイデンティティの再構成過程としての有意味な猶予期間にあることを示す「モラトリアム（moratorium）」までのステイタスをモデルとする。

　また，分類のための基準として，Phinney et al. (2007b) は「民族アイデンティティモラトリアム」を「民族アイデンティティ達成」と明確に区別す

---

[2] 例示するデータは留学前のインタビューで得られたものに統一している。

Table 5-2 民族アイデンティティ3側面についての評定基準

	評定基準	プロトコル例
所属感あり	自分が日本人であることを，単なる生まれや事実以上のものとして，意識している	「しますね。私は結構，人に頼ってしまったりとかするんですけど，日本人ぽいなと思います。気を使う時とか（case3）」 「常に意識しているかな。日本人とアメリカ人を比べたら，感覚として日本人にしか分からないことがあると思うんですよ。そういうのが理解できるのは日本人だけかなと思ったり（case20）」
所属感なし	自分が日本人であることを意識したことがない。事実以上にとらえていない。及び関心が少ない	「考えたことないですね。ただ単に日本人だと思ってます（case7）」 「結構留学先で意識するんじゃないかな。今は特に思ってないんですけど（case16）」
愛着あり	自分が日本人であることや，日本人・日本文化などへの肯定的感情がある（否定的な感情でも可）	「小さい時から接している日本の文化には愛着があります。例えばお盆に祖父母の家に行ったりとか，お祭りとか（case2）」 「愛着はあるんですよ。でもそれが他より劣ってるんじゃないかって思うんです。ネガティブなところがある（case12）」
愛着なし	自分が日本人であることに特別な感情も持たない	「プラスマイナスゼロ。どうでもいいよという感じですね（case9）」 「今は結構留学先に早く行きたいかな。そこまで日本人だよ私とか，愛着を持ってないですね（case16）」
探索あり	日本人・日本文化・日本の歴史などへの関心から，それらをより詳しく知るための行動をしている・した（日本史の授業については，特別なものとしての言及がない限り，探索経験には含まない）	「中学の歴史の授業からすごく日本に興味を持って，そこから始まったんですね。日本を知るというか。戦国時代が好きだったんですけど，その時代の美学にすごく興味があって（case13）」 「大学に入ってから，日本人なんだからもっと日本人のことを理解していても良いじゃないと思って，好きなんですよ文学とか。あと旅行に行ったり（case15）」
探索なし	日本人・日本文化・日本の歴史などへの関心が薄く，それらをより詳しく知るための行動をしていない・したことがない	「う〜ん，特にはないですね（case2）」 「特に日本の歴史をテレビで見るぐらいですかね。特にそれを勉強したことはないです（case4）」 「機会があったらやってみようかなって。茶道とか（case23）」

Table 5-3　Phinney et al. (2007b) による民族アイデンティティ・ステイタス分類基準

ステイタス	評価基準
無検討 diffusion	探索経験や積極的関与がない。自分の民族性にわずかな関心しか示さず，それを学ぼうとする気持ちも少ない。自分の民族集団に対するプライドや肯定的な所属感も見られない。
早期完了 foreclosed	探索経験を伴わない積極的関与。民族集団へのプライドや所属感は表現するが，所属する集団が自分にとってどんな意味があるのか理解したり疑問を持ったりはしていない。また彼らが持っている意見は親もしくは他の権威者のそれを反映している。
モラトリアム moratorium	積極的関与を伴わない探索経験。自分の民族性について学んだり理解するための努力をしたことがある（もしくはしている）。しかし所属感については，はっきりしない，もしくはアンビバレントな表現をする。
獲得 achieved	探索経験と積極的関与が見られる。自分の所属する集団が自分にとってどのような意味があるのか理解するための努力を行い，そうした理解にもとづく明確な所属感を持っている。

るために，所属感（意識）や愛着が示す「積極的関与（commitment）」がなく，探索経験があるものとしている。しかし Marcia（1966）によると，「モラトリアム」の性質は，ある領域に積極的に関与しようと奮闘している状態であり，そのために同一化対象への「積極的関与」が曖昧とされるが，全くない状態を示してはいない。よって，本研究では自分の民族性に対する「積極的関与」を示す意識や愛着が高くても，また特に愛着がネガティブな状態であっても，探索経験があれば，それを「民族アイデンティティモラトリアム」として分類することにした。

　よって本研究で用いる分類は，「民族アイデンティティ無検討（ethnic identity diffusion）」として，自分の民族性への意識，愛着が低く，探索経験がないものである。「民族アイデンティティ早期完了（ethnic identity foreclosure）」として，民族性に対する意識や愛着はあるが，探索経験がないものである。そして「民族アイデンティティモラトリアム（ethnic identity moratorium）」として自分の民族性への意識や愛着が高く，同時に探索経験を現在行っている，もしくは過去に行ったことがあるものとなる。本研究の分類基準と評定

Table 5-4 本研究の民族アイデンティティ・ステイタス分類基準

ステイタス	意識評定	愛着評定	探索評定	評価基準
無検討	1〜2	1〜2	1	自分の民族性にあまり関心がなく，探索経験もない
早期完了	2〜3	2〜3	1	日本人としての意識，愛着はあるが，探索経験はない
モラトリアム	2〜3	2〜3	2〜3	日本人としての意識，愛着があり，且つ探索経験がある ※愛着の質はネガティブな場合もある

値は Table 5-4 に示す。

5.3.3 結果

(1)分析 5-1　民族アイデンティティの顕在化の検証

①3側面の評定による検討　はじめに，「所属感」，「愛着」，「探索経験」の3側面について，質的な評定による得点化を行った。結果，全ての側面について留学前と留学後の間に有意な差が明らかになった。結果を Table 5-5 に示す。この結果は，留学という異文化経験を通して，「日本人としての自分」の民族性に気付き，より肯定的な感情を持つものが増えること，また民族性をより深く理解しようとする探索経験が増えたことを示している。

②民族アイデンティティ・ステイタス分類による検討　民族アイデンティティの3側面について評定した基準をもとに，アイデンティティ・ステイタス

Table 5-5 留学前・後の評定の平均値・標準偏差，対応のある t 検定結果

	留学前 N=25		留学後 N=25			
	平均	SD	平均	SD	t 値	
所属感（意識）	1.88	(.78)	2.56	(.58)	−4.23***	留学前＜後
愛着	1.96	(.53)	2.68	(.55)	−5.31***	留学前＜後
探索	1.64	(.90)	2.64	(.70)	−4.80***	留学前＜後

注）***$p<.001$

の分類を行った。各ステイタスの内訳をTable 5-6に示す。また無検討，早期完了，モラトリアム・ステイタスの留学前後のプロトコル例をそれぞれTable 5-7，Table 5-8，Table 5-9に示す。

留学前に「民族アイデンティティ無検討」に分類されたものは6名，「民族アイデンティティ早期完了」に分類されたものは12名，「民族アイデンティティモラトリアム」に分類されたものは7名であった。また留学後には「民族アイデンティティ無検討」に該当するものはいなかった。「民族アイデンティティ早期完了」に分類されるものは5名，「民族アイデンティティモラトリアム」に分類されるものは20名であった。

本研究の対象者には，帰国子女を含む1年以上の海外滞在経験があるもの

Table 5-6　留学前後のステイタス分類の内訳（人数）

ステイタス	留学前	留学後
無検討	6(3) 24.0%	0 0.0%
早期完了	12(4) 48.0%	5(2) 20.0%
モラトリアム	7(4) 28.0%	20(9) 80.0%
計	25(11) 100%	25(11) 100%

注：（　）は1年以上の海外滞在者数

Table 5-7　民族アイデンティティ・ステイタス「無検討」のプロトコル列

	無検討
留学前	所属感：「していると思います。でもどうとも思ってないかな」（評定1） 愛着　：「日本人であること自体に特に愛着はないですけど」（評定1） 探索　：「自分が育った環境や文化については自分の要素にはなっていると思うので，理解しておきたいとは思いますけど。う～ん，学校でやる程度ですね」（評定1） …(Case1)
留学後	該当なし

注：プロトコル例の後に（評定1～3）を記入

第5章 民族アイデンティティの顕在化の検討

Table 5-8 民族アイデンティティ・ステイタス「早期完了」のプロトコル例

		早期完了
留学前	所属感	「常に意識しているかな。常に意識しているかな。日本人とアメリカ人を比べたら，感覚として日本人にしか分からないことがあると思うんですよ。そういうのが理解できるのは日本人だけかなと思ったり」（評定3）
	愛着	「あります。日本人独特の感じ当いうか。大事にしようと思っている」（評定2）
	探索	「学んだことは別に全然ないです。なんとなくです。」（評定1）　…(Case20)
留学後	所属感	「もちろん自分は日本人なんだけど，意味がない。カリフォルニアは人種が全部混じってるから，関係ないんですね」（評定2）
	愛着	「面白かったのが，松井がホームラン打ったりするとすごく嬉しい。だから愛着は感じますね。優劣はないと思うけど」（評定3）
	探索	「あまり考えなかったけど，自分もあそこにいる人も日本人だし。ただ日本人だって分かっているけど，どうって事ないよ，単に事実以上ではない。自分が生活する範囲ではこういう考え方でやっていけると思ってます」（評定1） 　…(Case9)

注：プロトコル例の後に（評定1〜3）を記入

Table 5-9 民族アイデンティティ・ステイタス「モラトリアム」のプロトコル例

		モラトリアム
留学前	所属感	「しています。私は変なところで遠慮しているところがあるんですが，そういうはっきりいえないところが日本人だなって思います」（評定3）
	愛着	「あります。親を大事にしている面は日本人的で，そういうところは好きですね。血縁を大事にするというところが」（評定3）
	探索	「どうしてこんなに曖昧な言い方をするんだろうって，日本語の微妙な表現の違いが気になって，関連する本を読んだことがあります。あと，日本人はこういう民族だとか，日本人の特徴について書かれた本を読んだり。曖昧さが嫌な時期があって，日本語の。何でこんなに曖昧なんだろうって使うたびに思っていて」（評定3）　…(Case5)
留学後	所属感	「日本人に話しかけられて，日本人だなって思いました。期間の後の方が，だんだん意識するようになるというか，自覚するようになる」（評定2）
	愛着	「あります。誇りは，人と文化。もし否定されるものでも私は良いと思うんですよ。意見をはっきり言わないとか，生魚を食べるとか，やっぱり変に思われる。でも食文化は世界一だと思います。最近それは勉強していて，栄養学とかやっていると，良いものとされているものが日本には一杯ある」（評定3）
	探索	「歴史の話になると意識するんですけど，日本人であることに責任を持ちたいと思います。以前は偏見があるより無知が良いと思っていたけど，世界の中で自分の存在をしらないようなものだと思う」（評定3）　…(Case8)

注：プロトコル例の後に（評定1〜3）を記入

が11名含まれているが，留学前の分類では「無検討」が3名，「早期完了」が4名，「モラトリアム」が4名であった。過去に海外に長期滞在した経験があっても，それが必ずしも現在の民族アイデンティティの発達につながってはいないようである。おそらく滞在した時期や現地での生活状況によっても異なると思われるが，本研究では対象が少ないこともあり，長期滞在者においては人数を記述するにとどめ，詳しい検討は行わなかった。

　カイ2乗検定の結果，留学後に変化する傾向が明らかになった（$\chi^2=15.142$, $df=2$, $p<.01$）。留学期間を通して，自分の民族性に無関心で「無検討」のままでいるものはいなかった。また「民族アイデンティティ早期完了」群が減少し，「民族アイデンティティモラトリアム」群が増加したことから，留学期間を通して，自分の民族性についてより深く知ろうとする経験が増え，自分の民族性をより明確に意識するものが増えていると言える。よって本調査の結果からは，異文化体験を経て，国内にいる時よりも民族アイデンティティが顕在化することが示唆される。

　留学前から，「民族アイデンティティモラトリアム」に分類されるものも約3割いたが，プロトコルの内容を比べると，留学前の探索経験は本や比較文化の授業などメディアを通した間接的なものであった。対して，留学期間中の探索経験は実際の体験が中心に語られ，より具体的で体験レベルの内容が見られる。「民族アイデンティティ早期完了」には留学前と後の内容に際立った違いは見られなかった。

③**分析5-1の結果と考察**　本分析の結果から，仮説5-2は支持された。たとえ留学生を希望するものであっても，もともと民族アイデンティティが明確なわけではなく，個人内の変化として，異文化環境での経験を通して自分の民族性を自覚するようになることが示された。留学後の分類で「探索」・「愛着・所属感」の指標が高い場合に分類される民族アイデンティティ・ステイタス「モラトリアム」群が8割を占めたことは，研究4で明らかになった，日本人留学生の民族アイデンティティ「探索」「愛着・所属感」が国内

学生に比較して有意に高かったことを追認する結果であろう。したがって，研究4の国内学生との比較結果と合わせて，異文化では国内にいるときよりも自分の民族性に焦点が当たることが示唆される。

よって次に分析5-2において，異文化での自分の行動や思考のよりどころとして民族性が自覚されるようになるかを検討し，日本人留学生の民族アイデンティティが民族性を基盤にした集団アイデンティティの性質をもつようになるのかを検証したい。

(2)分析5-2　民族アイデンティティの顕在化プロセスの検討

分析5-2では，研究4及び研究5の分析5-1で明らかになった日本人留学生の民族アイデンティティが，異文化での自分の行動や思考のよりどころとして自覚され，集団アイデンティティの一側面として機能しているのかどうかを質的に検討する。仮説5-3は「異文化での自分の行動や思考のよりどころとして民族性が自覚されるようになる」である。

そのため分析5-1で明らかになったステイタス分類を基準にして，留学前と後の変化パターンごとにそれぞれの特徴を描きながら，集団アイデンティティとして顕在化しているのかを分析する。すなわち自分の民族性に対する自我の同一化の過程に注目し，"若者が重要だと思う社会集団，すなわち彼の階層，国家，文化によって特徴付けられる集合的なアイデンティティの感覚"（Erikson, 1964）となっているのかを明らかにする。

また，この分析は集団アイデンティティと自我アイデンティティの関係から民族アイデンティティと自我アイデンティティの関係および現地での異文化適応との関係を論じることが妥当なのかを確認するためにも必要であると思われる。

①民族アイデンティティ・ステイタスの変化パターン　はじめに留学前と留学後の民族アイデンティティ・ステイタスの分類にもとづく，変化パターンを検討した。結果をFigure 5-2に示す。留学前に「無検討」に分類された6名のうち，2名は民族性の意識や愛着がより高い段階である「早期完了」

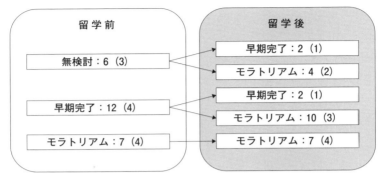

注：（ ）は1年以上の海外滞在経験者数

Figure 5-2　民族ステイタスの変化パターン：人数

に変化し，4名は探索経験を含む「モラトリアム」に変化した。また留学前にもっとも多かった「早期完了」の12名のうち，探索経験を経て「モラトリアム」に変化したのは10名であった。残りの2名は，探索経験のない「早期完了」の分類のまま変化しなかった。留学前から自分の民族性への意識，愛着，および探索経験のある「モラトリアム」に分類された7名は，いずれも留学経験を経ても変わらぬ分類であった。しかし留学後のインタビューで明らかになった探索経験は，留学前の経験が本や授業などのメディアを通したものより具体的で，実際の経験にもとづいた言及が増えていた。

②**変化パターンによる民族アイデンティティ顕在化の特徴**　ここでは変化パターンにもとづき，(a)ステイタスが変化したケースとして「民族アイデンティティモラトリアム」への変化と，「民族アイデンティティ早期完了」への変化を検討する。次に(b)ステイタス変化のなかった「早期完了⇒早期完了」，および「モラトリアム⇒モラトリアム」ケースとを検討する。これにより，民族アイデンティティがどのように顕在化するのかを明らかにしたい。

(a)　**ステイタスが変化したパターンによる検討**

無検討⇒モラトリアム　はじめに，「民族アイデンティティ無検討」から，「民族アイデンティティモラトリアム」に変化していくケースを検討する。

第5章 民族アイデンティティの顕在化の検討　95

　Case16は20歳女性，留学先はスペインの南部地方都市セビリアである。今回のスペイン滞在期間は11ヶ月であり，過去の海外経験は小学校4年生〜5年生の間に両親とともにイギリスに1年ほど滞在している。具体的なプロトコル例は Table 5-10である。基本的に今までと同じように，あまり具体的な記述は別の抽象的な単語に言い換えた。また内容に変化がないように注意しながら，プロトコルつなぎ合わせたり，入れ替えたりしながらまとめてある。

　このケースでは，漠然と昔から海外留学を希望していたところ，大学においてスペイン語を専門に学び，また部活動（フラメンコ）を通して，スペイン文化に触れていたことが実際の留学の動機となっていた。

Table 5-10　無検討からモラトリアムへの変化のプロトコル例（Case16）

留学前：無検討	
所属感	「今は日本にいるから。本を読んだら留学先に行ったら自分が日本人だって自覚するって言うから。今は特に思ってないんですけど。でもあっち行ってスペイン人に囲まれたら，自分は日本人だっておもうだろうな」（評定1）
愛着	「それはあまりないですね。具体的なイメージは湧かないですけど，今はスペインに行きたいな。日本以外が見たいな。そこまで日本人だよ私というのに愛着を持ってないですね」（評定1）
探索	「ないですね。でも今言われてあ，しなきゃって思う。やっぱり向こうで恥かいたんで。日本人なのに何も知らない，見たいに言われて」（評定1）
留学後：モラトリアム	
所属感	「最初はあまり意識していなかったんですけど。外見もやっぱり違うし，外見的なのが（きっかけとして）一番かな。滞在先ではアジア人が歩いているとみんな中国人なんですよ。あと（スペイン人の）友達と話していてあまり乗れない時，やっぱり日本人だからかなって思いました」（評定3）
愛着	「スペインにいるときは結構あったんですよ。自分は日本人だって意識してたし，日本人てことは結構言ってたし。日本はもっと進んでいるとか，日本人はもっとセンチメンタルだからなんとかだ〜とか。日本はやっぱり綺麗だなって思ったんで」（評定3）
探索	「4ヶ月目ぐらいにスペイン語がすごく伸びたんです。そうすると，一緒に住んでいる友達とも深い話ができるじゃないですか。そうするとやっぱり考えとか，自分はこうだよとか話して，もっと深く分かり合えたときにやっぱり私は日本人だなって思いました。考え方の違いと深く見るようになった。違いがどこから来るかとか。やはり外見的なものもあると思います。（スペインの）人とは違う，やっぱり」（評定3）

注1：プロトコル例の後に（評定1〜3）を記入
注2：（斜体）は植松補足

彼女は外見的な違いや周りから外国人として見られることをきっかけとして，自分が日本人であることを自覚するようになっている。またしばらくしてルームメイトのスペイン人の友人と深く語ることができるようになり，それによって日本人としての自分が持っている価値観を，異文化（スペインの文化）と比較してさらに明確化するようになった。自分の民族性への愛着も，滞在国の文化との比較が基準になっている（e.g., "日本はもっと進んでいる" "日本人はもっとセンチメンタル"）。

さらに，自分の民族性を"日本人だから"と自分の行動・思考に影響するものとして考えている（e.g., "日本人だからウジウジしているのかな私，と思ったり" "日本人は自分も含めて，例えば喧嘩してもすごく考えるじゃないですか"）。このような語りから，自分の経験を組織化する枠組みをもつ集団の感覚として民族性が働いていること，すなわち民族アイデンティティが顕在化していることが確認できる。

この変化パターンについて，主な特徴をまとめたものが，Table 5-11である。やはりCase16のように自分の行動・思考パターンのバックグラウンドとして機能する形で民族アイデンティティが顕在化している例が多かった。また顕在化する内容には，行動特徴やコミュニケーションの仕方の違い，およびその理由としての日本人らしい考え方の自覚が，主なものであった。また，Case14は他の事例と異なり，日本的な行動特徴や思考を現地のものと比べてネガティブに捉えている（e.g., "もちろん日本の良さもあることは分かっているけど，私には向こうの方が合ってた"）。以心伝心が美徳とされるような日本的なコミュニケーションの方が，彼女にとってはストレスであったと言及し，いずれまた留学先に戻ると述べていた。日本的なやり方（民族アイデンティティ）をネガティブに感じながら，それがどのようなものであるかを理解し，自分の行動・思考の対立項に持ってきている点は，逆説的ではあるが，自分の思考・行動，および同胞の思考・行動に影響する民族アイデンティティをを強く感じていると考えられる。

第5章 民族アイデンティティの顕在化の検討　97

Table 5-11 「無検討⇒モラトリアム」における民族アイデンティティ顕在化の概略

ケースNo	きっかけ	顕在化の内容	顕在化の特徴
1女性	他から日本人として対応される	当たり前に思ってやったことを感謝され，日本人の特徴として自覚	思考・行動に影響するものとして
14女性	語学力不足から	コミュニケーションの仕方の違いを自覚。※滞在国のやり方をよりポジティブに感じる	思考・行動に影響するものとして
16女性	外見的な違い	現地の友人と深く話すことで思考・行動特徴の違いとして自覚	思考・行動に影響するものとして
18女性長期経験	行動の仕方（挨拶）の違いから	礼儀正しさを誉められ，自然に持っていた日本人としてのやり方を良いものとして自覚	思考・行動に影響するものとして

注：ケースNoの欄に，「性別」と1年以上の滞在経験がある場合「長期経験」と明記

早期完了⇒モラトリアム　次に，「民族アイデンティティ早期完了」から，「民族アイデンティティモラトリアム」に変化していくケースを検討する。

　Case10は20歳女性，留学先はアメリカのサンフランシスコであり，滞在期間は10ヶ月であった。過去の海外経験は高校2年生の時にアメリカで2週間ほどホームステイをし，滞在期間が1週間以内の海外旅行も何度か経験がある。プロトコル例は Table 5-12である。

　このケースは，語学習得を主な留学動機としている。現地の大学では日本で所属していたものと同じ部活に所属し，またアメリカ人の友人と教会に通うなど，積極的に現地の社会に入って行こうとしている点が特徴的である。留学当初には"日本人だから恥ずかしいからこれが出来ない。あれはできない"と思うことが多かったがそれを止めようと思い，積極的に日本人以外の学生と付き合うようになったという。

　また，主にコミュニケーションの仕方の違いを感じることがきっかけとなって，日本人としての自分を意識するようになっている。例えば，ルームメイトに過剰に謝ることを指摘されたり，部活での先輩・後輩関係の違いなどに驚いたことなどである。彼女は，はじめ"これでいいのかな？"と現地の

Table 5-12　早期完了からモラトリアムへの変化のプロトコル例（Case10）

留学前：早期完了	
所属感	「意識はあります。また食べ物のことなんですけど，2週間ホームステイした後に帰る時におうどんが食べたくなって。お醤油系のものが食べたくなったりしたり。あと浴衣を着ているのが好きなんですけど，お祭りのときだけですけど，日本人でよかったなっていうのは感じます」（評定2）
愛着	「はい，あります。浴衣とか日本の味とか好きです」（評定2）
探索	「自分で勉強したことは，特にないです」（評定1）
留学後：モラトリアム	
所属感	「最初は『日本人だから恥ずかしいからこれは出来ない』って思っていて，途中から『少しずつ止めよう』と思うようになりました。それでわざと日本人の輪には入らなかったです。でも自分から友達になる人はネイティブの人であってもアジア系の人が多かった。そういう意味でやっぱり自分の中で日本人っていう意識が強いのかなと思いました。自分が意識していなくても，たぶん雰囲気とか行動に出ているんだろうと思いました」（評定3）
愛着	「日本人でよかったと思います。昔『アメリカ人だったらよかった』と思ってたんですよ。でも日本人の文化だと人に丁寧に接したり，そういうのは真似しようとしても真似できない染み付いたものだと思うんです。その良さを持っている私は，日本人でよかったなと思う」（評定3）
探索	「何も意識せずに暮らしていたけど，やはり向こうに行って，日本の文化を振り返るのは結構ありました。例えば私は癖ですぐ謝ってて，ルームメイトに『そんなところで謝らなくて良いよ』って言われても中々なおらなかった。日本人はすぐ謝るし，私は相手が謝るのを期待している面もあるかなって思いました。あと部活の中で，先輩に対する態度にも驚きました。最初『そのやり方で良いの？』と思っちゃったけど考えてみるとそれは違うと思いました」（評定3）

注：プロトコル例の後に（評定1～3）を記入

やり方に添うように行動を変えようとした。しかし日本人や日本文化が持っている対人面での公平さや丁寧さなどの良さを考え，"その良さを持っている私は，日本人でよかったなと思う"と思うようになった。

　また，"日本人の文化だと人に丁寧に接したり，そういうのは真似しようとしても真似できない染み付いたものだと思うんです"という語りや"自分が意識していなくても，たぶん雰囲気とか行動に出ているんだろうと思いました"という言及がある。この言及からは，「無検討→モラトリアム」のケースと同様に，日本の文化や価値観など自分の経験や思考を組織化する枠組みを内包している集団として民族性が働いていること，すなわち民族アイデ

ンティティの顕在化が確認できる。

　また，Case10は，一度はアメリカ文化のやり方を自分の行動や思考に反映させようとしたが，改めて自分が持っている文化的・対人的習慣の良い面を考えるようになった過程が明確である。ここには異文化環境での集団アイデンティティの揺らぎと再構成のプロセスが見て取れる。

　彼女は部活や教会など現地社会に積極的に関わりながら，現地文化と日本文化の価値観をともに吟味し，その結果，自分の民族性を加味した自分らしさを掴んでいる。このプロセスの特徴は，「民族アイデンティティ獲得ステイタス」(Phinney, et. al., 2007a)の特徴に近いものであると思われる。

　この変化パターンのケースについて，主な特徴をまとめたものが，Table 5-13である。「無検討⇒モラトリアム」パターンと同様，思考・行動特徴やコミュニケーションの仕方の違い，およびその理由としての日本人らしい考え方の自覚があり，民族アイデンティティの顕在化が確認された。また，ここでは日本人であることが現地社会でどのような位置づけであるかといった，社会的な立場に影響するものとしての顕在化も見られている。

　Case22では，日本より滞在先の文化や価値観をポジティブに捉え，様々な点で日本よりも滞在国を評価していた。しかし反面，日本国内の方が過ごしやすい自分に気付き，いわば無意識に内在化されたものとしての民族アイデンティティを自覚していた。そして，自分に身についた日本人としてのやり方や価値観，習慣などが，滞在国で上手く行かない場合の根拠として意識されていた。このような意識の仕方はモラトリアム・ステイタスの特徴でもある，対象（領域）への同一化のアビバレントな状態を示していると思われる。

　またCase24は，日本的な行動特徴や思考を自覚しながら，次第に個性として落ち着き，民族性の枠から離れていった面が特徴的であった（e.g.,"周りとも素で関わるようになっていって，なんというか消えたというわけでもなくて，日本人なんですけど。相手も外国人なんですけど。個性ですね，国というレベルではな

Table 5-13 「早期完了⇒モラトリアム」における民族アイデンティティ顕在化の概略

ケースNo	きっかけ	顕在化の内容	顕在化の特徴
4 女性	外見的な違い	自分の行動・習慣面の違いから自覚／日本の文化について聞かれる場面で自覚	外見や思考・行動に影響するものとして
7 男性	日本人として対応される	日本食を食べ，グループ行動が多く，授業中おとなしいなどの行動特徴として自覚／意見が尊重されるなどの立場として自覚	思考・行動に影響するもの／社会的立場として
8 女性	歴史の話をしている時に感じる	日本にいると当たり前だった考え方や価値観を，滞在国で改めて自覚／世界における日本の立場を考えることで自覚	思考・行動に影響するもの／社会的立場として
10 女性	コミュニケーション仕方から感じる	自分に身についている考え方や価値観を，現地の人々との違いとして自覚	思考・行動に影響するものとして
12 男性	外見的な特徴	日本の価値観を滞在国と比べて良いものとして自覚／同胞と共有することで自覚を深める	思考・行動に影響するものとして
22 女性	生活習慣の違いから	日本に馴染んでいるが，個を大切にしない面などネガティブなイメージとして自覚 ※滞在国のやり方をポジティブに捉える	日本の社会システムへの馴染みとして
23 女性	同じ日本人と比較し，より日本的だった	感じ方の違いを友人と話し，日本人だからこう感じると自覚	思考・行動に影響するものとして
24 女性 長期経験	日本人と一緒にいる時に感じる	日本人同士だと，外国人と居る時より余計に気を使うと感じて自覚 ※次第に民族性から個性として自覚	思考・行動に影響するものとして
25 女性 長期経験	外見的な特徴	コミュニケーションの仕方の違いや特徴から自覚／周りから良さを指摘されて自覚	外見や思考・行動に影響するものとして

注：ケース No の欄に，「性別」と 1 年以上の滞在経験がある場合「長期経験」と明記

くなったんです。日本国内でも長崎出身の私がもっているものは東京出身の人と違う個性みたいになりますよね。"）。

無検討⇒早期完了 次に，「民族アイデンティティ無検討」から，「民族アイデンティティ早期完了」に変化したケースを検討する。

　Case9 は 20 歳男性，留学先はアメリカのカリフォルニア州で，滞在期間は

12ヶ月であった。過去に海外に行った経験はない。プロトコル例はTable 5-14である。

このケースは，経済学の習得を主な留学動機としている。また，入学した大学は交換留学など，海外で学ぶ機会に恵まれ，そうした学生が多いことから自分もいつか留学しようと自然に思うようになったと言及している。また，他の交換留学生の中でただ一人，旅行も含めて全く海外経験のない学生であった。そして，カリフォルニアという様々な人種があふれた社会において，人種や民族によって区別しないというルールを学び，自分が日本人であることが事実以上の意味を持たないものとして認知されている。この考え方には，

Table 5-14　無検討から早期完了への変化のプロトコル例（Case9）

留学前：無検討	
所属感	「僕は日本にしかいないんですよね，これまで。だからこれが当たり前だから，そんなにはっきりしない。(*留学先に*) 行って見ないと分からないんじゃないかな？」（評定1）
愛着	「プラスマイナスゼロ。もうどうでも良いよという感じなんですね。もちろん，京都が素晴らしいとか感動したことはありますよ。社会がまだまだ安全だとか。だけど日本人だからどうのこうのという話ではないですよ」（評定1）
探索	「意識的にやったことは，特にないです」（評定1）
留学後：早期完了	
所属感	「もちろん日本人なんですけど，意味がない。特にカリフォルニアの場合には，アジア系も多いんです。だから見た目では留学生って判断されない。当然のごとく英語を使っているし。アメリカ人自体は，カリフォルニアしか見ていないけど，人種的に交じり合っているから，関係ないんですね。混ざっているからこそ，エスニックを大事にしてグループを作ったりしているけど，そういうのも楽しかったけど，僕自身はあまり気にしない」（評定2）
愛着	「面白かったのが，松井が打つとすごく嬉しい。だから愛着はありますね。誇りとか愛着はある。でもどちらが優れているとかは全く意味がないこと」（評定2）
探索	「あまり考えなかったけど，意味がないことだとは思わない。ただ，だからどうってことはないよと思うんです。僕の考え方はアマチュアな考え方だと思うんですが，でも僕が生きていく上ではそういう考えでも全然問題ない。自分なりの考え方はつかめたと思います。例えば，オリンピックを見ていて『黒人ばっかりだ』って言ったら，そういうことは言っちゃいけないって。僕は事実だから言ったけど，問題になるから皆気を使ってますね。タブーみたいな。僕は何も知らないから周りから教えてもらって (*自分なりのやり方をつかめた*)」（評定1）

注1：プロトコル例の後に（評定1〜3）を記入
注2：(斜体) は植松補足

ルームメイトや多民族が交じり合う環境において，民族性がタブー視されていたような状況が影響しており，周りの考え方をそのまま受け入れて，自分の民族性を意識するのは"意味がないこと"と判断している点で，早期完了的な特徴が見られる。

留学前から，自分が日本人であることや日本人・日本文化の特徴について考える機会をほとんど持たなかったことや，現地で学業的にも成功していた点で（中間テストがクラスで2番だった），他との相違や困難への対処は個人レベルで解決されることとして認知されたようである（e.g., 留学中の困難への質問に"自分なりのルールを持ってやっているので，今のところそれが上手く働いているんだと思っています"と答えている）。

現地社会で民族性が重視されないものであったことから，このケースでは自分の民族性を意識したり愛着を感じるようになったものの，周りの社会の民族性を重視しないように気をつけるやり方をそのまま受け入れる形で自分の生活スタイルを形成し，民族性が自分の思考や行動に影響するものであるという自覚なされなかった。つまり民族性を自覚はしても，それが内面に関わるものにはならず，集団アイデンティティの機能は果たしていないと思われる。

この変化パターンのケースについて，主な特徴をまとめたものが，Table 5-15である。Case6は5歳まで香港で過ごした帰国子女であり，留学前から日本人として馴染んでいない感覚を持っていた（e.g., "日本人なんですけど，純日本人じゃないかな" "香港で生活していたことが結構影響力があったかもしれないです"）。留学中も，同じ日本人との集まりに参加した際や，日本人同士の付き合い方の中で違和感を覚えることが多かった。また，アメリカでステレオタイプ的に自分の特性を判断されることへの抵抗があったと言及している（e.g., "『日本人だからこうしてる』って帰属させられちゃうのが嫌だなって"）。このケースでは，もともと持っていた日本文化・日本人への違和感か不明瞭さが主な理由となり，自分の民族性を重要なものとして顕在化させることが

Table 5-15　無検討⇒早期完了における民族アイデンティティ顕在化の概略

ケースNo	きっかけ	顕在化の内容	顕在化の特徴
6 女性 長期経験	日本人と一緒に居る時	日本人をあまり好きでなく、留学先で違和を感じ、馴染めなかった。ステレオタイプで見られることへの抵抗があった	日本的な思考・行動に合わず、自分は日本的でないとしてあまり重視されなかった
9 男性	同胞への愛着	日本人である意識、愛着は持っているが、より深い理解の動機には結びつかなかった	現地社会で重要なものとされなかった

注：ケース No の欄に，「性別」と1年以上の滞在経験がある場合「長期経験」と明記

なかったと思われる。

(b)　ステイタス変化のなかったパターンによる検討

　留学後に「民族アイデンティティ無検討」は該当がなくなるため，本研究で検討するのは「民族アイデンティティ早期完了」と「民族アイデンティティモラトリアム」から変化しなかったケースである。

早期完了⇒早期完了　「民族アイデンティティ早期完了」から変化しなかった典型的なケースを検討する。Case2 は20歳男性，留学先はイギリスダーラム地方であり，滞在期間は10ヶ月である。過去の海外経験は高校2年生の時にアメリカに1年間交換留学をしたことがある。プロトコル例は Table 5-16 である。

　自分の大学にいる留学生をみて，自分も海外で勉強してみたいと思ったこと，専攻している言語学でバイリンガリズムを学びたいと思ったことが留学動機になっている。また留学生活の特徴として，学生は皆大学寮で生活し，日本人は合計で15人ほど留学していたが，様々な国から受け入れた大学生も各寮に均等に割り振られていた。そして個々の出自が尊重されるアメリカなどと異なり，イギリス人と外国人留学生という枠組みがより重視されていた（e.g., アメリカより閉じた感じなので，『私たちはイギリス人，あなたたちは非イギリス人。イギリス以外の国からきたんだから皆 international student でしょ』という感

Table 5-16　早期完了から変化しなかったプロトコル例（Case 2）

留学前：無検討	
所属感	「日本人だと言う意識はありますけど，国家と結びついた意識はありません。文化をうけつぐものという意識はあるけど，政治的・社会的なくくりの国家みたいなもののアイデンティティではありません」（評定2）
愛着	「小さい時から接している日本の文化には愛着があります。例えばお盆に祖父母の家に行ったりとか，お祭りとか生活習慣での」（評定2）
探索	「特にはないですね」（評定1）
留学後：モラトリアム	
所属感	「そこまで意識しては居なかったですけど，日本はどうなの？と聞かれたりすると，自分は日本人だから，こういう話をされても当然だなって。ただ，近くに日本の大学の現地校があって，同じパブに居るんですが，その時に『彼らと同じじゃない』という感じでいることが多かったんですけど。日本人と言うよりは international student の一人と思っていました。そう見られるほうがしっくりして，日本人と言われると『あ，そうだった』と。日本人として見られたくないというより，僕個人として見られたいと。まず自分として見られたかった」（評定2）
愛着	「以前，アメリカでは『日本はこうですよ』と得意に思ったんですが，今回はそこまでじゃなかったです。どちらかと言うと江戸時代など昔の日本文化が好きで，最近の文化は混沌としているなと思います」（評定2）
探索	「日本から15人ぐらい来ていたんですけど，あまり関わらなくて。面倒だったので。なのでイギリスに居る時に，あまり日本的な要素はほとんどなかったという感じです。比べるものがあって，自分のことを日本人と言っている感じです。自分が日本人だと思うと他の人たちがパッと出てくる」（評定2）

注：プロトコル例の後に（評定1〜3）を記入

じだった。パキスタンから来ようが，日本から来ようが変わらないじゃないという"）。

　日本人が比較的多い環境であり，近隣に日本の大学のイギリス校があった。彼は他の日本人留学生と自分を比較して"僕はああいう日本人とは違うんだ"と意識することが多く，同じ寮に住む2人の女性の日本人留学生とも同じように思われたくないと感じることが多かったという。特に，彼らの言語が堪能でなく，イギリス人や他の留学生と接触するより，日本人同士で固まっていることに嫌悪感を持っていた。こうした他の日本人学生の姿は自分のイメージと一致していなかったため，同じ日本人として見られることで自分のスタイルや自分らしさを見てもらえなくなると感じたようである（e.g., "僕はああいう日本人（イギリス校の日本人学生）とは違うんだとか"，"3人組の一人と

思われたくなかった"）。

　アイデンティティの最適な感覚は，一つに重要な人々から認めてもらえるだろうという内的確信に付随しており（Erikson, 1968），自分らしさが他者からもそう認められていると感じられることが重要になる。したがってこのケースでは，主に周りの日本人の行動が，彼の現地生活の営み方と不一致であったため，自分の民族性を基盤にした集団アイデンティティより留学生（international student）や個人としての集団アイデンティティが重要になり，自分の民族性への焦点化は意識的になされなかった（e.g., "日本人と言うよりは international student だと思ってました"，"日本人として見られるよりは僕個人として見られたいと。まず自分として見られたかった"）。

　この変化パターンのケースについて主な特徴をまとめたものが，Table 5-17 である。Case3 は自分が日本人であると理解し愛着も持っているが，先に検討した「早期完了⇒モラトリアム」のCase10の "その良さを持っている，私は日本人でよかったな" という言及が示すような，自分が観察した日本人の民族性について，自分自身の思考や行動に照らし合わせて考えたり，自分のものとして見ることは少ないようであった。

　彼女は，自分が日本人の一員としてどうかと考えたわけではなく，周りの日本人を自分とは別のものとして観察して特徴を捉えるという理解を示して

Table 5-17　早期完了⇒早期完了における民族アイデンティティ顕在化の概略

ケースNo	きっかけ	顕在化の内容	顕在化の特徴
2 男性 長期経験	他から日本人として対応される	現地の日本人を見て違和を感じ，同じものと見られることに抵抗があり，個性を重視した	留学生の一人として個性を重視することにより，あまり重視されなかった
3 女性	日本人と一緒に居る時	日本人の特徴についての理解進んでいるが，自分がその一員というより外から眺めている	知識や特徴を外在的なものとして捉えられている

注：ケースNoの欄に，「性別」と1年以上の滞在経験がある場合「長期経験」と明記

いた。よって自分の思考や行動に影響がある物としては意識されていない。

モラトリアム⇒モラトリアム　次に「民族アイデンティティモラトリアム」から変化しなかったケースを検討する。Case15は20歳男性，留学先はアメリカのミシガンであり，滞在期間は9ヶ月である。過去の海外経験としては高校1年生のときにアメリカで1ヶ月半の語学研修，および大学2年生のときにイギリスで語学研修を1ヶ月間行った。プロトコル例はTable 5-18である。

このケースは，留学前からいずれ海外で仕事をしたいと明確に思っていたことが他のケースとは異なる特徴である。また留学中に日本語のクラスを受講し，同時にアルバイトとして日本語を教える機会があったため，普段の生活の中で日本に関心のある現地の大学生達と触れ合う機会が多かった。留学前から日本人としての意識を持ち，いずれ海外で働きたいと目標を持っていたことや，国内に外国人の友人が何人かいることからも，民族アイデンティティが国内にいるときから働いていたように思われる。

しかし留学中には主に日本に関心がある人々との関わりの中で，日本文化や社会についての知識や日本的な価値観などを尋ねられたり求められ，また白人社会の中で異分子として見られる体験がきっかけになって，より強く日本人としての自分を意識するようになっている。そして"日本のことを知らなすぎた"，"もっと勉強しなくちゃと思いました"と述べ，異文化接触による意識の変化が見られた。

自分の民族性を肯定的に捉えていたが，排他的になってはいけないので"強く持ちすぎてもいけない"と抑制している面があった。これは「モラトリアム・ステイタス」の特徴として，積極的に傾倒しよう努力していながら曖昧な態度となる特徴（Marcia, 1966）を表しているだろう。

さらに彼は留学生活を通して，日本人であることを，現地社会におけるメリットの一つとして捉えるようになっている。これは国内では意識していなかった側面である。彼は海外で仕事をしたいという希望があったため，現地

Table 5-18 モラトリアムから変化しなかったプロトコル例（Case15）

留学前：モラトリアム	
所属感	「強いと思いますね。香港や韓国の友達も多くて，やっぱりそういう人達と付き合っていくと，日本人だからという部分が大きく出てくると思って。あと自分でも積極的に日本のことを知らなくちゃと思っています」（評定3）
愛着	「日本人であると言うことに愛着はあります。海外で働きたいと言いましたけど，最終的には日本に帰って来たいという希望もあって，やっぱりここはホームタウンだから自分が一番安らげるんじゃないかと思って。でもあまり誇りを強く持ちすぎてもいけないと思うんですけど。誇りについては，迷っていると言う感じですね。排他的とか日本中心になってしまうのが怖いと言うか。僕自身の傾向なんですけど，本当は誇りを持ちたいと思っているけど，その途中で止めていると言うか」（評定2）
探索	歴史とか文学とかを読んだりして。大学に入ってから，周りに外国人がいたりして日本人だと意識する機会が多かった。あと自分自身で意識しようと思っている部分もあると思うんですけど，勉強すること自体も面白いんです。日本のことを，文学とか。あと国内旅行に行って，神社とかどこでも良いですけど，そういうのも面白いなって」（評定3）
留学後：モラトリアム	
所属感	「友達の多くが日本語を勉強している人が多くて，特に自分に求めてくるのが日本的なものだったり，日本語もそうですけど，日本人的な考え方だったりしたので，意識することが多かったですね意識しなくなることはなかった。結構白人社会っていうこともあって，街を歩いていると子どもがじっと見てくるんですよね。そういうのもきっかけになったと思います」（評定3）
愛着	「日本に愛着はあると思います。誇り，というほどではないですけど。正直，留学中はあまり日本に帰ってきたくなかったんです。でも日本に帰ってきて思うことは，やっぱりすごく親しんでいるというか，帰国してすぐに適応したんですね。だから愛着はすごくあると思います」（評定31）
探索	「やっぱり思ったこととしては，日本を知らなすぎた事です。日本への関心が高い人に聞かれても分からなくて，もっと勉強しなくちゃと思いました。あと自分が日本人であることのステイタスは会社に入ったりする上でも，得をする面があるかなと思います。求人情報を見ていて，日本人で日本語が喋れる人を結構求めている。ビジネスの面で考えてた時に，日本人であることを活用していけるかなと思っています。」（評定3）

注：プロトコル例の後に（評定1～3）を記入

社会の中で民族性がどのような意味を持つのかを考えたのだろう。自分が「日本人であること」は就職という現地社会への参加の際に有利であると理解し，自分の人生プランに影響するものとして考えている。

民族性から現地での社会的な立場について考えており，これも自分の経験を組織化する民族アイデンティティの働きであるといえるだろう。

この変化パターンのケースについて主な特徴をまとめたものが，

108　第2部　仮説に対する実証研究

Table 5-19である。彼らの留学前の探索経験をまとめると，Case 5「日本語の表現や民族性についての本で学ぶ」，Case11「大学の異文化コミュニケーションに関するゼミで学ぶ」，Case13「日本史の授業から学ぶ」，Case15「歴史や文学についての本で学ぶ」，Case17「戦争や国際紛争の面から学ぶ」，Case19「大学で日本の歴史を学ぶ」，Case21「美術史から学ぶ」であった。読書や授業において探索することが多かったが，留学期間中の探索は直接体験の中で，方向性が変わったり，内容がより具体的になっているのが特徴で

Table 5-19　モラトリアム⇒モラトリアムにおける民族アイデンティティ顕在化の概略

ケースNo	きっかけ	顕在化の内容	顕在化の特徴
5 女性	習慣の違いから	自分の持っている謙虚さなどを日本人の特徴として自覚	思考・行動に影響するものとして
11 女性	他から日本人として対応される	自分は違う文化を持っていると感じ，日本に独特のよさがあり，自分がそこで居心地良くやってきたこと自覚	思考・行動に影響するものとして
13 女性 長期滞在	アメリカ人ではない存在として感じる	周りに馴染めないときに，文化の違いを感じ日本人としての自分を自覚／留学生の友達と国と国のことについて話し合うことで自覚	思考・行動に影響するものとして
15 男性	他から日本人として対応される	現地で就職する際に，日本人であることが有利だと感じた点から自覚	現地での社会的立場に影響するものとして
17 女性 長期滞在	他から日本人として対応される	自分のルーツとして大事にしたいと思うようになり，文化的影響を受けていると自覚／日本人として日本のことを考える責任があると考えるようになった	思考・行動に影響するもの／現地での社会的立場に影響するものとして
19 男性 長期滞在	日本人との共同作業を通して感じる	イベントを日本人と共同して行った際に，他の文化と比べて人に協調性があると感じた ※個性と文化性を区別する必要も感じていた	思考・行動に影響するものとして
21 女性 長期滞在	他から日本人として対応される	日本人の自分というより，自分の中の日本人らしさとして実感し，自分のユニークなキャラクターの一つであると感じていた	思考・行動に影響するものとして

注：ケースNoの欄に，「性別」と1年以上の滞在経験がある場合「長期経験」と明記

ある。

　Case17はCase15と同じように，現地での社会的立場に影響するものとして，自分の民族性を自覚していたが，Case15は社会的に有利な点を感じたのに対し，このケースは自分のルーツとして注目する面が強かった。

　またCase19は，15歳まで留学先と同じアメリカで生活していたため，留学先で異文化体験をすることはあまりなかったが，日本人同士で行ったイベント企画で自分を含めた日本人が持っている協調性を他の文化にない長所として実感した。つまり，文化的差異からではなく日本人同士の関わりの中からお互いが持っている共通の文化的価値観を自覚し，自分の思考や行動の背景にある民族性について自覚していた。

③分析5-2のまとめと考察　分析5-2では，民族性の自覚がどのようになされるのか，集団アイデンティティの一側面として民族アイデンティティが働くようになるのかを検討した。

　留学後に「民族アイデンティティモラトリアム」に分類されるものは，自分の思考や行動の根拠，外見的な特徴の理由，また社会的な立場に影響するバックボーンとして，民族性の背景にある日本の文化，歴史，価値観を自覚していた。

　民族アイデンティティのステイタスがモラトリアムである場合に，民族性が自分の思考・行動・外見の特徴や社会的立場などに影響するものとして機能していることが分かり，民族アイデンティティが顕在化していると考えられる。研究5-1で，対象となった日本人留学生の8割が留学後にはモラトリアムステイタスに分類されており，多くの留学生で民族アイデンティティが顕在化していたと思われる。従って仮説5-2は支持された。

　民族性への意識はあり，何らかの感情を持って認識している場合でも，民族性に関する探索経験の少ない「民族アイデンティティ早期完了」に該当するものは自分の行動や思考など内面に関わる民族性をはっきり意識することがなかった。よって自分の民族性をより深く理解しようとする探索経験は，

異文化における民族アイデンティティが集団アイデンティティとして機能し始める際の鍵になっていると考えられる。自分の民族性をより深く理解しようとすることは，自分の民族性をはっきりと自覚させるばかりか，自分の考え方・行動・外見・価値観などのルーツを明確にすることにもつながる。このような民族性の明確さは自分の経験を組織化させる方法としての民族性を浮かび上がらせることになるため，集団アイデンティティの一側面として，民族アイデンティティが顕在化することにつながると思われる。

質的な分析によって，民族アイデンティティ・ステイタスにおける「早期完了」と「モラトリアム」にこのような違いがみられたことから，先行研究のように民族アイデンティティ尺度（MEIM）の総合得点の分析だけではなく，ステイタス評価と同類の基準である構成要因「探索」，「愛着・所属感」ごとに分析していくことは有効であると思われる。

民族性を意識するきっかけ　自分の民族性を意識するきっかけは多岐に渡るが，インタビューの中でもっとも多く聞かれたのが，滞在国において行動や思考，外見の違いなど，文化的差異の自覚をきっかけにするもの（8ケース）であった。異文化における差異の認知は自らの民族性への焦点化を促すものであると言える。また滞在国の人々から日本人として扱われることも同程度あり（7ケース），留学先にいる同じ日本人留学生と接触することが理由となっている場合も多かった（5ケース）。いずれも国内においては，おそらく感じないことばかりであり，異文化経験とマイノリティへの属性の移行は，自分の民族性を意識する要因になることが示唆される。

顕在化しない理由：普遍的な集団アイデンティティの存在　異文化において，自分が日本人であると意識したとしても，自分の内面や存在に影響するものとして考えなかったケースは，留学後の「民族アイデンティティ早期完了」に分類される群である。自分の民族性の意味や理解を探索しない理由としては，現地の日本人との接触において，自分のスタイルと一致しなかったこと（e.g., Case2）や，滞在国で民族的な枠組みで人を見ることがタブーであった

こと（e.g., Case9）などがあり，その場合に「個」としての自分を異文化における行動・思考のよりどころと考えているケースがみられた。

Erikson（1959）は，"近い将来，民族的（tribal）・国家的（national）に異なる過去を持つ人々は，次第に一つの人類としてのアイデンティティ（the identity of one mankind）を持つに至るだろう（Erikson, 1959, p.260）"と述べている。本研究の「民族アイデンティティモラトリアム・ステイタス」でも，より「個」としての自分を重視するようになったと言及したケースがある（e.g., Case21：自分のユニークなキャラクターのひとつとして民族性を意識するようになった）。

この「個」としての自分は，集団アイデンティティと相反する概念のように感じられるが，そこにはおそらく民族性や滞在先との文化差を越えた，共通の普遍性を持った集団の価値観が内包されており，民族性より上位の次元の集団アイデンティティを持っていると考えてよいのではないだろうか。例えば"自分なりのルールを持ってやっているので，今のところそれが上手く働いているんだろうと思っています"というCase9の言及における「ルール」とは，おそらく個人的なルールであると同時に，民族・文化的背景が異なる滞在先でも通じる普遍性を持ったルールが選択されている可能性がある。

普遍的な集団アイデンティティについては，移民や移民2世，3世世代を対象としたバイカルチュラルの研究においても注目されており（e.g.,「双アイデンティティ型（井上, 2004）」），異文化における民族アイデンティティ以外の集団アイデンティティのありようについては，今後検討していく必要があるだろう。

5.3.4　考察

研究5では縦断調査と質的検討により，日本人留学生の民族アイデンティティが異文化において顕在化するのかを検討した。分析5-1では，縦断的変化から日本人留学生の民族性が異文化において次第に明確に意識され無自

覚なものはいなくなることが分かった。新たな自己の一面として焦点化が当たることが示され，仮説5-2「日本人留学生は，異文化での経験を通して自分の民族性をより明確に自覚するようになる」は支持された。

また分析5-2では，民族アイデンティティがどのように顕在化していくのかを検討した。民族アイデンティティの構成要因の「探索」・「愛着・所属感」がともに高い「民族アイデンティティモラトリアム・ステイタス」で，自分の思考・行動・外見的特徴・社会的立場に影響する民族性の働きが顕著だったことから，集団アイデンティティの一側面として民族アイデンティティが機能していることが分かった。留学生の多くが留学後にモラトリアム・ステイタスに分類されている。よって仮説5-3「多くの日本人留学生は異文化での自分の行動や思考のよりどころとして民族性が自覚するようになる（民族性を基盤にした集団アイデンティティの働きが確認できる）」は支持された。

本研究では「民族アイデンティティ獲得」を分類段階に入れなかったが，Case10のように短期間であっても獲得に近いものもいた。民族アイデンティティ発達については，今後の研究においても，インタビューなど豊かな情報を収集できる手段で検討を重ねていく必要がある。

5.4 全体的考察

本章では，本論文の仮説1「集団アイデンティティの一側面である民族アイデンティティは，異文化において国内にいる時より顕在化するようになる」について検討した。初めに研究4における国内学生との比較検討と，研究5の分析5-1における縦断調査の分析を行ったところ，研究4では国内学生に比べて日本人留学生の「探索」得点が高いことが明らかになり，縦断調査でも約8割の学生が留学後には民族性の探索経験のあるモラトリアム・ステイタスに分類されるようになった。異文化では自分の民族性に対する意識が高まるようなるといえるだろう。

また研究5分析5-2では，自分の民族性が思考・行動の習慣や価値観のバックボーンと意識されることが明らかになり，この結果から異文化では集団アイデンティティの一側面として働いていることが推察された。この傾向は特に民族性の探索経験があるものに顕著であったため，民族性の単なる自覚や愛着を持った認識以上に，より深く理解しようとすることが重要な要因になる可能性がある。つまり探索経験は，個人の民族アイデンティティが自分の経験を組織化するためのやり方として働いているのかどうかの指標になる可能性がある。探索経験が高いものが，異文化環境で多くなることは研究4，また留学経験を経て増えていくことが研究5の分析5-1でも確認されている。これらの結果から，異文化環境で生活することによって民族アイデンティティが顕在化しやすいといえるだろう。

本章の研究4と研究5から，本論文の仮説1「集団アイデンティティの一側面である民族アイデンティティは，異文化において国内にいる時より顕在化するようになる」は支持された。したがって，今後の研究で日本人留学生の民族アイデンティティの役割を検討していくことは妥当であると思われる。

よって以降の研究では民族アイデンティティの自我アイデンティティに対する役割，また異文化適応に対する役割について検討していく。

第6章　民族アイデンティティと
　　　　自我アイデンティティの関係

6.1　研究6　民族アイデンティティは自我アイデンティティにどのように関わるか

　前章の研究4と研究5では，異文化における日本人留学生の民族性が国内よりも明確になり，多くの留学生にとって民族性は自分の思考・行動・社会的立場などに影響するものとして働いていたことが明らかになった。これは自分の行動を組織化するやり方を内包している集団感覚として，自分が「日本人であること」が自覚されていることを示唆し，本研究が定義するところの民族アイデンティティが顕在化していることを示している。

　本論文では集団アイデンティティと自我アイデンティティの関係を重視している。自我アイデンティティは斉一性や連続性を持つ心理社会的な現実感覚によって実感されるものだが，集団アイデンティティは個人が生まれ育つ社会にある自分の体験を組織化する枠組みとして，自我アイデンティティと相互補完的な関係があるものと考えている。そのため異文化への移行は，それまで自分が持っていた内なる社会としての集団アイデンティティが揺がせる可能性があり，その揺らぎは安定した自我アイデンティティの維持を困難にする可能性がある (e.g.「根こぎ感」；Eriksson (1964))。しかし一方で，民族アイデンティティが新たに集団アイデンティティの一側面として機能し始めるならば，先行研究で示唆されるように，異文化での自分らしさをより明確にさせ，自我アイデンティティを高める働きを持つようになる可能性がある。

　よって本章では本論文の仮説2「民族アイデンティティは異文化において

116　第2部　仮説に対する実証研究

自我アイデンティティを高める役割を持つ」について検証するために，研究6を行う。研究6では，2つの分析を行う。はじめに質問紙調査による検討を行い，国内学生との比較によって，異文化での民族アイデンティティの関係の特徴を明らかにする（分析6-1）。さらに質的な側面から，異文化における両アイデンティティの関係を検討する（分析6-2）。

6.2　研究6　分析6-1　民族アイデンティティと自我アイデンティティの関係：比較検討

6.2.1　問題と目的

　本研究では，日本人留学生の民族アイデンティティと自我アイデンティティの関係について，質問紙調査を実施し，日本人留学生と国内学生との比較から異文化での両アイデンティティの関係を明らかにする。

　先行研究では，マイノリティ青年のうち民族アイデンティティ・ステイタスが高い者は，自我アイデンティティが高いことが明らかになっている（Phinney, 1989）。この結果は，民族アイデンティティが自我アイデンティティを支えるものとして機能している可能性を示唆する。よって日本人留学生でも，彼らの民族アイデンティティが自我アイデンティティを支えるものになる可能性は十分にある。

　しかしこの論文では，ステイタスごとに自我アイデンティティ尺度の得点の差を検証しているが，群間の差を検証していない。また民族アイデンティティの構成要因がどのように自我アイデンティティと関連しているのかは，明らかにされていない。よって，民族アイデンティティが心理的健康に重要な要因であることは分かっても，構成要因がどのように関連しているのかは明らかではない。要因ごとに検討しておくことでより具体的な視点を提供できると考え，本研究では民族アイデンティティの構成要因ごとに関連する要

因との関係を明らかにしたい。

　研究5の分析5-1では民族アイデンティティ・ステイタスごとの分析を行った。そこで「モラトリアム・ステイタス」では，自分の民族性が現地での思考・行動に影響するものとして働いていることが明らかになり，探索経験のない「早期完了・ステイタス」ではこの働きが確認できなかった。よって民族性の探索経験は民族アイデンティティの顕在化の鍵となることが推察されたが，この結果からは自我アイデンティティに対しても「探索」が特に重要な働きを持つと予測される。

　集団アイデンティティと自我アイデンティティは相補的な関係を持つが，本研究では民族アイデンティティを異文化における心理的なサポートの要因として考え，民族アイデンティティが自我アイデンティティを支える働きをするかどうかを明らかにしたい。よって，操作的に民族アイデンティティを自我アイデンティティの予測因として検討していく。

仮説　民族アイデンティティの構成要因「探索」・「愛着・所属感」は異文化において自我アイデンティティを高める役割を持つ。特に「探索」は重要な働きを持つ（仮説6-1）。

6.2.2　方法

調査対象者　(1)北米に留学中の日本人留学生122名（男性59名；女性63名／平均年齢26.0（$SD=5.83$））である。彼らの詳しい属性はTable 2-1（B群）に示している。(2)関東圏の大学に通う国内大学生335名（男性164名；女性169名：欠損2／平均年齢20.9歳（$SD=1.49$））となっている。

調査時期　(1)日本人留学生は2006年10月～2007年6月と2008年1月～4月に，それぞれ調査を実施した。(2)国内学生は2006年8月と10月に調査を実施した。

調査方法　(1)日本人留学生は，合計21の学生団体・留学生ネットワーク[1]，及び個人に調査を依頼し，E-mailもしくは郵送にて調査用紙を配布し回収した。E-mailを使用する際は匿名性に配慮し，追調査への協力もしくはフ

ィードバックの希望がある場合を除いてアドレスを即時削除することを伝えた。(2)国内学生は，関東圏の大学において授業後に質問紙を配布し回収，もしくは後日郵送にて個別に回収した。

質問紙の内容

(1)**民族アイデンティティ**　"民族アイデンティティ尺度（Phinney, 1992）"のうち研究3で検討した8項目を用いる。

(2)**自我アイデンティティ**　谷（2001）の"多次元自我同一性尺度"を用いる。この尺度は，Eriksonのアイデンティティ理論（1963, 1968）にもとづき，これまでの尺度の弁別性や妥当性の問題を改善するものとして開発された。総合得点による解釈が許可されているが，本研究の対象者による主成分分析の第一主成分に対する負荷量を確認し（$range: .743 \sim .570$），信頼性係数は$\alpha = .93$であったことから，本研究では総合点を用いることとした（主成分分析結果は Table 6-2-1）。

6.2.3　結果

属性による検討　自我アイデンティティについて，日本人留学生，国内学生ごとに属性による検討を行った。まず日本人留学生の性別，学籍（大学・大学院）における一元配置の分散分析を行ったところ，有意な差は検出されなかった。また，年齢と滞在期間について相関の分析を行ったところ，年齢のみ有意な正の相関が見られた（$r = .229, p < .05$）。

次に，国内学生の性別による差を検討するため一元配置の分散分析を行ったところ，有意な差は検出されなかった。また年齢とは有意な正の相関が見

---

[1] 依頼組織　Japanese Student Association（ミズーリ・コロンビア大学，スタンフォード大学，サンフランシスコ州立大学，オレゴン大学，カリフォルニア州立大学 Long beach 校，カリフォルニア州立大学 Irvine 校，コーネル大学，マサチューセッツ工科大学，アリゾナ州立大学，コロラド州立大学，ハーバード大学，ネバダ大学，カンザス州立大学，オクラホマ州立大学，カンザス大学，ブランディ大学，デンバー大学），Japanese Student Network，ピッツバーグ ML，未来へ.com

Table 6-2-1 自我アイデンティティ尺度の主成分分析結果

	第1主成分	共通性
13. 今のままでは次第に自分を失ってしまうような気がする	.743	.674
8. 現実の社会の中で，自分らしい生活が送れる自信がある	.735	.812
19. 人前の自分は，本当の自分ではないような気がする	.719	.653
18. 自分が何を望んでいるのか分からなくなることがある	.718	.706
14. 自分が何をしたいのか良く分からないと感じるときがある	.716	.670
5. 過去に自分自身を置き去りにしてきたような気がする	.710	.781
9. いつの間にか自分が自分でなくなってしまったような気がする	.703	.759
17. 「自分がない」と感じることがある	.679	.598
4. 現実の社会の中で，自分らしい生き方ができると思う	.674	.730
12. 現実の社会の中で自分の可能性を十分に実現できると思う	.652	.739
20. 自分の本当の能力を生かせる場所が社会にはないような気がする	.649	.493
10. 自分のするべきことがはっきりしている	.649	.778
1. 過去において自分をなくしてしまったように感じる	.630	.727
6. 自分がどうなりたいのかはっきりしている	.622	.801
15. 本当の自分は人には理解されないだろう	.601	.665
7. 自分は周囲の人々によく理解されていると感じる	.593	.576
16. 自分らしくいくてゆくことは，現実の社会の中では難しいだろうと思う	.576	.501
11. 人に見られている自分と本当の自分は一致しないと感じる	.553	.649
3. 自分のまわりの人々は，本当の私を分かっていないと思う	.531	.742
2. 自分が望んでいることがはっきりしている	.570	.763
寄与率 (%)	42.8	

られた ($r = .190, p < .001$)。

　両群において年齢が高くなるほど，自我アイデンティティが高くなる関係が見られる。これはこの尺度の妥当性検証においても確認されている（谷, 2001）。しかし他の属性には差が検出されなかったため，以降の分析では，属性ごとではなく包括的に分析を行う。

各要因間の相関分析　はじめに，日本人留学生と国内学生を合わせた全体で要因間の相関を分析した。結果は Table 6-2-2 に示す。民族アイデンティティ「探索」（$r = .235, p < .001$）及び「愛着・所属感」（$r = .260, p < .001$）ともに自我アイデンティティに有意な正の相関が見られた。また民族アイデンティティの構成要因の間にも正の相関が見られている（$r = .342, p < .001$）。

　次に，日本人留学生，国内学生ごとに，要因間の相関の分析を行う。結果

は Table 6-2-3 と Table 6-2-4 に示す。日本人留学生において，民族アイデンティティ「探索」は10％水準で自我アイデンティティとの有意な正の相関の傾向が見られた（$r=.170, p<.10$）。一方，「愛着・所属感」は負の相関の傾向が見られた（$r=-.156, p<.10$）。国内学生については，民族アイデンティティ「探索」は10％水準で有意な正の相関の傾向があり（$r=.106, p<.10$），また逆に民族アイデンティティ「愛着・所属感」は有意な正の相関が明らかになった（$r=.336, p<.001$）。

日本人留学生と国内学生の民族アイデンティティは質が異なる可能性がある（研究4，研究5）。また特に，民族アイデンティティ「愛着・所属感」と自我アイデンティティの関係においては特徴が異なっているようである。

Table 6-2-2　全対象者：民族アイデンティティと自我アイデンティティの相関

	民族アイデンティティ 愛着・所属感	自我アイデンティティ
民族アイデンティティ探索	.342***	.235***
民族アイデンティティ愛着・所属感	―	.260***

注：***$p<.001$

Table 6-2-3　日本人留学生：民族アイデンティティと自我アイデンティティの相関

	民族アイデンティティ 愛着・所属感	自我アイデンティティ
民族アイデンティティ探索	.516***	.170[+]
民族アイデンティティ愛着・所属感	―	−.156[+]

注：[+]$p<.10$，***$p<.001$

Table 6-2-4　国内学生：民族アイデンティティと自我アイデンティティの相関

	民族アイデンティティ 愛着・所属感	自我アイデンティティ
民族アイデンティティ探索	.238***	.106[+]
民族アイデンティティ愛着・所属感	―	.336***

注：[+]$p<.10$，***$p<.001$

なお民族アイデンティティの構成要因「探索」と「愛着・所属感」同士は，両群に共通して正の相関が見られている（日本人留学生：$r=.516$, $p<.001$／国内学生：$r=238$, $p<.01$）。民族アイデンティティの構成要因間の関係については，異文化環境による違いはないと言えるだろう。

重回帰分析　民族アイデンティティの構成要因ごとに自我アイデンティティに対する働きを見るために，民族アイデンティティの2要因「探索」と「愛着・所属感」を従属変数とし，自我アイデンティティを従属変数とする重回帰分析を行った。

　はじめに，対象者全体における関係を分析した。結果は Table 6-2-5 である。民族アイデンティティ「探索」（$\beta=.164$, $p<.001$）と「愛着・所属感」（$\beta=.209$, $p<.001$）はともに有意な正の関与を示していた。全対では，自分の民族性に関心を持ち，より深く理解しようとする「探索」の側面と，自分の民族性を明確に自覚しそれを肯定的に捉える「愛着・所属感」は，いずれも心理社会的な自己の現実感覚を示す自我アイデンティティを支える要因になっていることが明らかになった。

　次に，群ごとに分析を行った。日本人留学生の結果は Table 6-2-6，国内学生の結果は Table 6-2-7 に示す。日本人留学生において，民族アイデンティティ「探索」は自我アイデンティティに有意な正の関与（$\beta=.342$, $p<01$），民族アイデンティティ「愛着・所属感」は逆に有意な負の関与（$\beta=-.332$, $p<.01$）が明らかになった。一方，国内学生において民族アイデンティティ

Table 6-2-5　全対象者の重回帰分析結果（β 係数）

	自我アイデンティティ
民族アイデンティティ探索	.164**
民族アイデンティティ愛着・所属感	.209***
R^2	.094***
調整済み R^2	.090***

注：**$p<.01$，***$p<.001$

Table 6-2-6　日本人留学生の重回帰分析結果（β係数）

	自我アイデンティティ
民族アイデンティティ探索	.342**
民族アイデンティティ愛着・所属感	−.332***
R^2	.110***
調整済み R^2	.095***

注：**$p<.01$，***$p<.001$

Table 6-2-7　国内学生の重回帰分析結果（β係数）

	自我アイデンティティ
民族アイデンティティ探索	.026
民族アイデンティティ愛着・所属感	.338***
R^2	.119***
調整済み R^2	.114***

注：***$p<.001$

「探索」は有意な関与はなく，「愛着・所属感」のみが自我アイデンティティに有意な正の関与を見せた（$\beta=.338$，$p<.001$）。

6.2.4　考察

　重回帰分析の結果を中心に考察する。全対象者では構成要因がともに自我アイデンティティをポジティブに予測していたが，生活環境が異なる国内学生と日本人留学生を群ごとに分析すると，相関分析よりはっきりした形で群の違いが明らかになった。

国内学生の考察　国内学生の民族アイデンティティ「愛着・所属感」は自我アイデンティティをポジティブに予測していた。民族性への意識や肯定感は，様々なメディアを通して異文化接触がより身近なものとなった現在社会では，国内環境でも心理社会的な自分らしさの感覚である自我アイデンティティに関与しているのだろう。自尊心など自己への肯定的な感情・認識は，自我アイデンティティとの関連が明らかになっている。この結果も，自分の属性の

一つである民族性を好ましく認識していることが，自我アイデンティティを高める結果になったと思われる。

しかし民族アイデンティティ「探索」は自我アイデンティティに有意な関与を示さなかった。研究4の結果，国内学生の民族アイデンティティ「探索」・「愛着・所属感」は，日本人留学生に比べて有意に低かった。また研究5の分析5-2では，探索経験の有無は民族アイデンティティが顕在化する場合の鍵になっていることが示された。異文化にいる青年に比較して探索経験が少ない国内学生は，民族性を好ましく意識したとしても具体的な内容について探索するまでには至らない可能性がある。国内の学生は，民族アイデンティティが集団アイデンティティとして機能するまでには至っていないのではないだろうか。したがって，国内学生の「探索」と自我アイデンティティには関連が見られなかったのではないだろうか。

日本人留学生の考察　日本人留学生の民族アイデンティティ「探索」は，現地での自我アイデンティティのポジティブな予測因として支えになるものだった。しかし「愛着・所属感」は自我アイデンティティの負の予測因になることが示された。

日本人留学生の民族アイデンティティの両要因には国内学生（$r=.238$, $p<.001$）に比べるとやや高めの相関（$r=.516$, $p<.001$）がある。よって多重共線性の可能性もあるが，10以上だと多重共線性の疑いがあるとされるVIF（Variance Inflation Factor；分散拡大要因）は1.3であり，20以上だと不安定であるとされる固有値の条件指標は最大で16.5であった。また単純相関の結果と符号が一致していること，βの値が.3程度であることから，この結果を日本人留学生の特徴として考察して問題はないだろう。

研究5の分析5-2で，探索経験のある民族アイデンティティ・モラトリアム群では，自分の思考や行動が依拠するものとして民族性を自覚しており，自分の体験を組織化する集団アイデンティティの一側面として民族アイデンティティが顕在化していることが明らかになった。本研究では，民族アイデ

ンティティを高める要因である「探索」が自我アイデンティティを高めることが示されたため，探索経験によって明らかになった自分の民族性への理解が，異文化で自分の存在をより明確にすることを助け自分らしさの実感を高めるという民族アイデンティティと自我アイデンティティの関係が，この点では示されたと言えよう。また，本研究で示された民族性の探索と自我アイデンティティの関連は，アイデンティティ発達のプロセスにおける「課題の探索」を重視した Grotevant (1987) の知見とも整合的な結果である。

　一方，日本人留学生の民族アイデンティティの「愛着・所属感」は，自我アイデンティティに負の関与がみられた。この要因は民族アイデンティティの構成要因として，「探索」と同様に自我アイデンティティにポジティブに関与していると仮定された。しかし結果はそうならなかった。国内学生で明らかになったように，自分の属性である民族性への肯定的な認識は，自我アイデンティティに正の関与をしていておかしくない要因である。しかし，自分の民族性を肯定的に把握することは，異文化接触やマイノリティへ属性が移行する文脈の中では，違う性質を持つのかもしれない。例えば，異文化で自我アイデンティティの混乱を防衛する手段として，自民族に対する愛着や肯定的な感情を高め排他的になる心理的反応が指摘されている (井二, 1993)。また異文化接触時の自民族への所属感や肯定感は自文化中心主義 (ethnocentrism) (川端, 1994) のような排他的な心理を内包することを示唆している可能性も考えられる。また，このような心理状態は，異文化への移行でそれまで持っていた集団アイデンティティが揺らいだ場合に，それを維持するための反応として位置づけることもできる。揺らいだ集団アイデンティティを守るために異文化で焦点があたる民族性に固執し，他の民族や文化を否定するような排他性が誘発されれば，おそらく現地社会の中の自我アイデンティティは低いだろう。異文化での集団アイデンティティの揺らぎが，自分の民族性を肯定的に感じることを抑えるなど，こうした負の関係に反映されているのかもしれない。このような考察を踏まえて，民族アイデンティティ「愛

着・所属感」の性質についてより詳細な分析を行うため，分析6-2ではインタビューデータを用いて検討する。

6.3 研究6 分析6-2 民族アイデンティティと自我アイデンティティの関係：質的検討

6.3.1 問題と目的

分析6-2では，民族アイデンティティが自我アイデンティティどのように関係しているかを，質的に検討する。分析6-1の質問紙調査によって，日本人留学生の民族アイデンティティ「探索」は自我アイデンティティに対してポジティブな要因になることが明らかになったが，「愛着・所属感」はネガティブな要因になっていた。

先行研究では，民族アイデンティティ・ステイタスが高いことと自我アイデンティティの状態や適応感との関連が明らかになっている（Phinney, 1989）。この研究では，要因ごとに分析されていないが，本研究で用いた尺度と同じ構成要因に基づいているため，自分の民族性に対する「愛着・所属感」は「探索」と同様に，自我アイデンティティにポジティブに働いていると思われる。

ではなぜ日本人留学生の民族アイデンティティ「愛着・所属感」は自我アイデンティティに対してマイナスの予測因になったのか。先行研究との違いは，対象者が留学によって異文化に接し，属性がマイノリティに移行した青年であることである。日本人留学生にとって，自分の民族性への肯定的な認識がどのような性質を持つものなのか，探索的に分析し，特徴を明らかにしておく必要がある。

分析6-2で分析対象になるインタビューと質問紙は，日本人留学生の留学後に実施したものであり，特にインタビューは留学中の様子を回想的に尋

ねているものである。帰国後1ヶ月以内（平均15.8日）に実施しているが，留学当時の民族性の捉え方を正確に述べたものではない。しかしこのような限界があるとしても，質的な分析は必要であると考えた。

本分析でははじめに(1)群ごとの分析を行い，次に(2)民族性の意識場面ごとの分析を行う。群ごとの分析では，分析6-1で明らかになった民族アイデンティティ「愛着・所属感」と自我アイデンティティの関係を明らかにするため，対象者を民族アイデンティティ「愛着」・「所属感（意識）」と自我アイデンティティの2軸で群分けし，群ごとにプロトコル内容にどのような特徴が見られるかを検討する。

また，民族性の意識場面ごとの分析においては，特に自我の調整機能の観点から民族性がどのように把握されるのかを葛藤場面とそうでない場面に分けて明らかにする。特に民族性の意識が方略的になされている部分を抽出して分析することで，この点を明らかにできると思われる。

6.3.2 方法

調査対象者 研究5と同じ，日本人交換留学生25名である。

分析方法 逐語化した留学後（1ヶ月未満）の民族アイデンティティについてのインタビューデータを分析対象とする。分析対象となる質問項目はTable 6-3-1に示す。

(1)群ごとの分析 はじめに，インタビューの対象者のうち，特に分析6-1の結果のうち，民族アイデンティティ「愛着・所属感」が自我アイデンティ

Table 6-3-1 分析する関する主な質問内容

構成要因	質問内容
所属感（意識）	自分が日本人であると意識していますか？ それはどういう場面ですか？
愛着	日本や日本人であることに愛着・誇りはありますか？ それはどのようなものですか？

ティにネガティブな予測因となっていた関係を検討するため，民族アイデンティティ「愛着・所属感」と自我アイデンティティを2軸においた4群を作成し，彼らの民族アイデンティティについてのプロトコルデータを分析する。

質問項目のうち「愛着」に関する項目「日本や日本人であることに愛着・誇りはありますか？それはどのようなものですか？」のデータを分析対象とする。群の構成方法は，分析6-1と一貫性を持たせるため民族アイデンティティ「愛着・所属感」については，研究5の質的検討において分析した評定の得点から，「愛着」と「所属感（意識）」の評定がいずれも3点であれば高群，いずれも1ないし2点であれば低群として用いる（range：1～3）。

また自我アイデンティティについては，留学後インタビュー時に実施した質問紙（"多次元自我同一性尺度"（谷, 2001））の結果を用いる。研究6の日本人留学生（122名）の尺度得点と合わせてZ得点（偏差値）を算出し，50点を基準に自我アイデンティティ高群と低群に分けた（Table 6-3-2）。

(2)**意識場面ごとの分析**　次に，25名すべての対象者について分析を行う。ここでは特に，民族アイデンティティを意識する場面を抜き出し，そこから特に自分を運営するための方略として機能している側面を抽出した。質問項目のうち「所属感（意識）」に関する項目「自分が日本人であると意識していますか？それはどういう場面ですか？」のプロトコルデータを分析対象とする。

また，自分が日本人であることを意識する状況には，相手との差異など違和感をともなうネガティブな状況と，嬉しさや良い面としてのポジティブな

Table 6-3-2　民族アイデンティティ「愛着」,「所属感」と「自我アイデンティティ」による群分け（人数）

	民族アイデンティティ「愛着・所属感」高群	民族アイデンティティ「愛着・所属感」低群
自我アイデンティティ高群	7	2
自我アイデンティティ低群	5	2

状況がある。このような状況の違いによって，民族性の認識の仕方は異なると考え，これはすなわち自我の調整機能の違いを反映すると考えた。よってこれらの2つの状況を枠組みとして，状況ごとに分析を行う。

6.3.3 結果

(1)群ごとの分析　群ごとのプロトコルから，民族アイデンティティの捉え方にどのような特徴が見られるかを検討する。研究6において，日本人留学生の民族アイデンティティ「愛着・所属感」は自我アイデンティティに対するネガティブな予測因となることが分かった。異文化において，自分の民族性に対する高い愛着や所属感は，他の文化や民族を否定し排他的になる面があるのだろうか。探索的な視点で分析を行った。

民族アイデンティティ「愛着・所属感」高群×自我アイデンティティ低群

　この群の対象者のプロトコル例については，Table 6-3-3に示す。対象者が，留学中に西洋へのコンプレックスや日本に対する劣等感を意識していたエピソードに言及していたのが特徴的であった。そしてこうした認識は滞在国では肯定的なものに捉えなおされていた。さらにいずれもエピソードとして異文化でのマイノリティ経験を語っていた。このような言及からは，おそらく異文化では日本での自分の体験を組織化するやり方（集団アイデンティティが内包するもの）が，コンプレックスや劣等感もあって，他の群より揺らいでいたことがうかがえる。

　Case4は日本がすごいと思えることが支えになったと述べ，Case15は日本には良いイメージがあって励まされたエピソードを語るように，彼らは自分の民族性を肯定的に認識しなおすことで，現地での自分の足場を形成していたようである。

　また自民族に対する愛着や肯定的な感情を高め排他的になる心理的反応が指摘されているが（井上，1993；川端，1994），Case12は仲間内で日本を良しとして滞在先の悪口を言ったと語っており，滞在国に対してやや排他的になっ

第6章 民族アイデンティティと自我アイデンティティの関係　129

Table 6-3-3　民族アイデンティティ「愛着・所属感」高群×自我アイデンティティ低群

No	自我ID (Z得点)	プロトコル例	解釈
Case4 滞在国 イタリア 海外経験 大学2年時 1ヶ月	自我ID： 43.4	"もともと西洋に対するコンプレックスが自分の中でちょっとあったと思うんですよ。でも，周りの人が「日本人はすごいよね」って言ってくれるから，それは支えになった部分かなって思います。「すごいでしょう」とか，言われて新たに気付くことがありました。日本人てすごいなぁって" "でも帰ってきて思うのが，イタリアにいたときは「日本人てすごい」とか誇りにものすごく思っていたんですけど，帰ってきたら，そんなに良いことばかりではないというか…(中略)…たぶん，イタリアにいた時には，美化しすぎてたっていうか。皆にも誉められるし，あと自分でも自分を支えるためっていうのがあったかもしれないんですけど"	西洋へのコンプレックスがあり，引け目を感じた生活をする中で，日本への強い愛着が，自分らしさや自分の存在を支えている
Case12 滞在国 ドイツ 海外経験 旅行程度	自我ID： 33.5	"(意識するのは) クラブで踊っている時。周り白人ばっかだと，その中にアジア人一人だと，こいつ差別してるんじゃないのかなとか。見下してんじゃないかなっていうのを勝手に言ってるだけなんですよ。それがナイトクラブが一番強くて，行くのが嫌になりますよ。勝手に自分で思っているだけですけど" "(留学前は西洋哲学の影響で日本に劣等感があった)　で，ドイツに行ったとたんに，日本擁護派に。皆で日本の良さを言って，ドイツの悪口を言った。ドイツでは日本が嫌だっていってる場合じゃないよって。" "強い愛国心を感じるようになった。日本に文化については，留学に来てから本当に考えるようになった"	西洋へのコンプレックスがあり，引け目を感じた生活をする中で，日本への強い愛着が，自分らしさや自分の存在を支えている
Case15 滞在国 アメリカ 海外経験 大学1年と 2年時に 1ヶ月ほど の語学研修	自我ID： 27.9	"(日本人であることを) 意識しなくなることはなかったですね。あと，まあ，白人社会っていうこともあって。街とか歩いてると子どもがじっと見てきたりするんですよね。田舎だし…(中略)…やっぱ人種による優劣みたいなものは，そういう考えはできればしたくないんですけど，やっぱりそういう風に感じることはありました" "あとは，正直なところ，アジア人と思われているのと，日本人と思われているのは，だいぶ待遇が違うんですね。日本のイメージという時点で，だいぶ恵まれているんです。あんまり言えないけど，正直やっぱりありました。日本人て分かっているとクラスでも先生が色々質問をしてくるし" "自分が日	白人社会で，アジア人として劣等感を感じる中で，同じアジアでも日本のもっているイメージの良さや社会的に恵まれている面を，現地での自分の存在の支えにしている

No	自我ID（Z得点）	プロトコル例	解釈
		本人であることのステイタスは（*現地の*）会社入ったりする上でもやっぱ得をすることがあるかなと"	
Case16 滞在国 スペイン 海外経験 小4から 1年間 （イギリス）	自我ID：29.0	"最初はあんまり意識していなかったんですけど，外見もやっぱり違うし…(中略)…あと友達と話していてあんまり乗れない時には，やっぱり日本人だからかなって思って。それは日本人だしって思って安心していた部分も。だから乗れない違うんだよねって" "スペインにいる時には結構あったんですよ…(中略)…日本はもっと進んでるとか，日本人はもっとセンチメンタルでとか。やっぱり綺麗だなって思ったことがあったんで。でもこっち帰ってきたら，ぜんぜん考えていないですね。それが当たり前で，全然違いが見えないと意識しない。スペイン行って，外に行ってみると，自分は日本人だし，愛着が湧きますね。恋しくなりますね。日本"	外見的な違いにおいて引け目を感じることがあったが，滞在先の文化と比較して，日本に愛着を持つことによって，自分を支えている
Case20 滞在国 イギリス 海外経験 小1から 5年ほど （イギリス） 大学1年に 1ヶ月ほど 語学研修や ホームスティ	自我ID：48.9	"前に比べると全然ポジティブに思っていると思います。日本人て，日本の中にいると世界的に日本はあまり良くないってことをすごく良く聞くじゃないですか…(中略)…でも外に出てみると「なんだ，日本人全然つよいやん」て。結構日本人の良い面ばっかり聞くんですね" "前にイギリスに住んでいたというのがあって，最初すごくやりやすかったんですね…(中略)…下手するとBritishって言っても通じちゃうぐらいだったんで…(中略)…でもそれはやっぱり文化の時点で無理あるってある時点で気付いて…(中略)…で，自分は日本人なんだからイギリス人には日本人として接しようって割り切って接するようにしました。そっちの方が上手く行きましたね" "日本人に，日本人同士でいるのを明らかに避けている奴とかいるんですね。「俺は日本人じゃない」みたいに。そういうのは，自分はもう捨てて，割り切ったというか。日本語で話す時っていうのは必要だとおもうんですよ。やっぱ日本人だから。そういう時間はちゃんと持とうって思ったり。それを割り切ってから楽になった"	留学前は日本に対する否定的な評価に影響されている面があった。またイギリス人にはなれない自分の存在を感じた時に，日本人であると意識し，それに愛着を持つことによって自分らしさや自分の存在を支えている

注：（斜体）は植松補足

た面は確認できる。

　日本への愛着による支えや排他性など，この群の特徴として防衛的な民族性の認識が確認できる。井上（1993）の指摘のように，異文化で自分の民族性を強く意識し愛着を持つ背景には自己防衛の働きがあることが示唆されるが，この働きはCase16の言及に典型的に表れているように思われる。彼女は留学中に頻繁に日本の良さを滞在国と比較して優れている点を意識していたのに，帰国後にはほとんど意識しなくなったという。頻繁に日本を肯定的に認識しなくても，帰国後には自分の足場が揺らぐことはなく，意識する必要がなくなったのだと思われる。

　だがやや排他的になったCase12にしても，現地の文化を否定し排他的になって閉じこもるというより，どちらかと言うと，時には滞在先を価値下げしながらも，積極的に関わっていくためにこうした認識の仕方が役に立っているようであった。この点は，自分が希望して留学する学生の特徴ではないかと思われる。

民族アイデンティティ「愛着・所属感」低群×自我アイデンティティ高群

　この群のプロトコル例についてはTable 6-3-4にまとめてある。いずれも，ネガティブなマイノリティ経験や，西洋コンプレックスや劣等感を感じたエピソードは語られていない。Case9は，特に日本からの交換留学生の集団に関わることを意識的に避けていた面があるが，優秀だったこともあり日本の学部と共通の専門分野で，自分なりの能力を発揮し大学院の授業に出席するなど自分らしく生活することに問題がなく，特に民族性を意識することが少なかった。またCase3は滞在先の日本人以外との仲間関係への所属が確かなものであり，そこではもともと持っているリーダーシップを発揮して，中心的な存在になっていた。

　Case9では国内と留学先で共通する専門分野を学ぶ学生としての一貫した集団アイデンティティが保たれている。Case3では留学先でできた友人関係を基盤にした集団の中で，日本にいるときと同じような自分らしさを保つ

Table 6-3-4　民族アイデンティティ「愛着・所属感」低群×自我アイデンティティ高群

No	自我ID （Z得点）	プロトコル例	解釈
Case3 滞在国 アメリカ 海外経験 大学1年時に 1ヶ月ほど 語学研修	自我ID： 60.1	"日本人だというよりは，アメリカ人ではないというほうが大きかったですね""留学生のうち5分の1が日本人でした。結構居たので，友達を作りやすかったですね。日本人の学生じゃないと。共有し，話し合える悩みが（あるので）""差別とかはなかったですね。うちの学生さんは留学生に慣れているというか""うちの州は田舎なのでフレンドリーなんですよね""居心地は良かったですね。何も隠すことなく，自分のままで居られました""（ボランティアで日本語を教えていたアメリカ人の）友人と話す時に自分がなにを言っているか分かってもらえているかが心配だったんですよ…（中略）…でもその子たちのお陰で喋れるようになってきて，喋りすぎぐらいになって…（中略）…私アウトドアが好きなんで，次はあそこ行こうどこ行こうって"	フレンドリーな生活環境で，はじめは語学による意思疎通の難しさを感じていたが，自分らしく自分を表現することが出来，中心的存在になっている。 自分らしさとして民族性を感じることはなかった。
Case9 滞在国 アメリカ 海外経験 なし	自我ID： 65.1	"日本人だということは意味がないことではないんじゃないかな。僕もあそこにいる人も日本人だし。ただ日本人だってことが分かっているけど，どうって事ないよという。僕が関係するような人とか場面ではなかった。（差別など）それはまずない。カリフォルニアにいる限りない。それをやったらまずいんじゃないかな。すぐ訴えられて終わりだし""交換留学にきている人が20人ぐらいいたけど，僕はもう意地でも行かないって1年間1度も行かなかった。村になってて嫌だった""（後期から大学院の授業に出席していた話から）学部の授業ではあったけど，（学生は）あんまり頭がよくないから僕が1番とか獲っちゃうんですよね。（グループワークを）自分より出来ない奴とやってもしょうがないから，誘われても断ったことがあった"	民族性を感じさせることがタブーである環境の中で，自分らしくいることに何も問題を感じず，現地の人よりも高い能力を発揮させている。自分らしさとして民族性を感じることはなかった。

注：（斜体）は植松補足

ことができており，集団アイデンティティはこの仲間関係に依拠するところがあったと思われる。またCase9は研究5で考察したような「個」としてのいわばより普遍的な集団アイデンティティの存在も見受けられる。

　この群の特徴としては，先の結果と異なり，異文化でも自他の不一致感や

集団アイデンティティ（自分をの経験を組織化するやり方を内包している感覚）の揺らぎは経験されておらず，そのため①のような自分の足場としての民族性の認識が働かなかった，もしくは機能する必要がなかったようである。

　集団アイデンティティと自我アイデンティティの関係パラダイムから，アイデンティティのあり方や発達を見ていく際には，本人が重視する集団がどこにあるのかということが重要になる。本研究では，異文化で焦点が当たる集団アイデンティティの一つとして民族アイデンティティを検討したが，このような質的分析によって留学生が持っている集団アイデンティティは一つではないことが明らかになった。どのような集団を重要と感じているのかについては，今後も探索的な調査を行う必要があると思われる。

民族アイデンティティ「愛着・所属感」高群×自我アイデンティティ高群

　この群のプロトコル例については，Table 6-3-5にまとめてある。これらのケースではほとんど全員が①と同様に，何らかのマイノリティ経験に言及していた。しかしそれを自分の一部としてポジティブに捉えていることが特徴である。例えば，自分の独自性を表すものと考えたり（Case7），他の文化にない日本独特の美意識を持つ自分を意識したり（Case10 & Case23），日本人であることを理由に他者に関心を持ってもらえると捉えたり（Case24 & Case25）している。

　日本の良さは自分の良さのように思い，自分らしさのポジティブな要素の一つであり，また自分の行動や思考の特徴の一つとして反映させている。彼らの語りからは，自分のバックボーンとしての民族性の自覚があり，それが現地での自分らしさの実感つまり自我アイデンティティの感覚をよく支えているように感じられる。

　自分の民族性を肯定的に認識することが，自分の足場を作るものであることは①の群と同じだが，この群では，自分の民族性のネガティブな評価を肯定的に捉え直す変化はなく，コンプレックスゆえの葛藤もみられず，異文化接触・マイノリティ経験は，集団アイデンティティの揺らぎとして意識され

Table 6-3-5 民族アイデンティティ「愛着・所属感」高群×自我アイデンティティ高群

No	自我 ID（Z 得点）	プロトコル例	解釈
Case7 滞在国 アメリカ 海外経験 大学2年時に1ヶ月ほど語学研修	自我 ID：57.9	"意識はいつも。だけど他の日本人留学生と一緒にして欲しくないって思ってましたね。日本の大学から来る日本人のイメージがすごく悪いんですよ…(中略)…その人達と一緒にしてほしくないんで，違う日本人だって。現地に居る人とも違う。特別視してほしい" "自分は昔から少数派が好きなんで。まあ気分が良いというか，こっち(国内)来ると皆日本人だから，自分が薄くなるような感じがして嫌なんですけど" "授業で日本人が一人だと，意見が尊重されるんですよ…(中略)…そういうのを評価してもらえるのは嬉しいですね"	マイノリティゆえに注目される環境をポジティブに感じ，民族性が自分らしさや自分の滞在国での存在を支えるものとして意識されている。
Case8 滞在国 フランス 海外経験 1ヶ月ほど語学研修	自我 ID：62.3	"(中国の留学生が多い環境で)アジアについて学びました" "歴史の話になると意識します。以前は無知が偏見や憎しみがあるよりましだと思ってきたけど，最近はむしろ「私たちの国はこう考える」という意見，考え方がある方が救われると思う。世界の中の自分の存在を知らないようなものだと思う" "思ったより(フランス語が)喋れるようになったのと，思ったより日本がもっと好きになった。でもやっぱりフランスに帰りたいです" "(自分のイメージは)どこでも素で，住み続けられる。やりたいことしかやりたくないし，嫌だったら嫌だというし。(フランスの文化の影響で)その良さを確認できました。これで良いんだって"	世界の中で自分が存在する時に必要なものとして民族性を捉え，それを理解することは，自分の存在を支えるものとして意識されている
Case10 滞在国 アメリカ 海外経験 高校時代1週間ほどホームスティ 旅行など	自我 ID：63.4	"日本人でよかったなって思います。昔「アメリカ人だったらよかったな」って思っていたんですよ。それは単に英語が喋れるからとか，格好がいいからとか思っていたんですよ…(中略)…でも日本人の文化だと人に対して丁寧に接したり…(中略)…そういうのは日本の良さであり，真似しようとしてもまねできない染み付いたものだと思うんですよ。それを持っている私は日本人でよかったなと思うし。それに向こうの良さは，吸収できるなっていう自信があるんですよ。だから，別にアメリカ人である必要はないし，その良さを持っている日本人として，自分が日本人でよかったなって思います"	アメリカへの憧れがある中で留学したが，民族性が持つ文化的な良い面を自分の良さとして感じて，自分らしさや自分の存在の基盤としている

第6章 民族アイデンティティと自我アイデンティティの関係　135

No	自我 ID（Z 得点）	プロトコル例	解釈
Case18 滞在国 イギリス 海外経験 小4から 4年ほど （イギリス）	自我 ID： 51.2	"比較した時に，（日本の食べ物の美味しさ）誇りに思えたとか。あとは，遠慮深さというのが，度が過ぎるとやはり良くないんですけど，美徳って言いますっけ？日本人の美徳というものが良い方向に働いたと思います。他の国の人には他のやりかたがあるかなって思うんですけど。日本，自然に自分にあった日本的なやり方をしていて，別にトラブルがあったわけではなかったし，日本にいたらなんでもなかったことなんでしょうけど"	民族性の良い面を自分の良い面として感じ，自分なりのやり方として，滞在国においても発揮している
Case23 滞在国 アメリカ 海外経験 大学3年時に1ヶ月ほどボランティア （インド）	自我 ID： 56.2	"やっぱり日本は技術大国じゃないですか。ソニーとかトヨタとかすごい有名ですよね。「どこから来たの？」って聞かれて「日本だよ」っていうと「クール」って言われて。そうかクールなんだって。あと英語が喋れなくても「計算がすごいんだよね，どうやって計算するの？」とか聞かれたり""コミュニケーションの仕方が違うって，同じだし，向こうの若者も真剣に色々考えているんだなって分かりました…（中略）…結構たどたどしい英語でも真剣に聞いてくれる人が多かったんで。ゆっくりでも自分の話をして良いんだなって思いました"	民族性を自分の持っている良さの一部のように捉えている。
Case24 滞在国 ポルトガル 海外経験 6歳から 1年ほど （フランス）	自我 ID： 56.2	"支えというほどではないでしょうけど，文化に興味を持ってくれる人が多くて，日本人だよっていうだけで「これはこうなの？」って話が弾むんですよ…（中略）…私も知らないから一緒にアニメを見たりしましたね。だから良かったと思いますね""原点はやはり日本にあると思います。帰ってきて始めて食べた日本食がすごく美味しいって思って，感動して""日本人なんですけど，（枠が消えて）個性みたいになっていった"	周囲から民族性を好ましく受け入れられる中で，民族性が自分らしさや自分の存在の原点として支えになっている
Case25 滞在国 ポルトガル 海外経験 9歳から 3年ほど （オーストラリア）	自我 ID： 53.4	"日本に興味を持ってくれる人が多いので。ヨーロッパの国もそれぞれ独自性はあるけど，やっぱり日本の独自性はすごいよって言われたり。そうだなって思ったり。日本は全然違うじゃないって言われて（嬉しかった）""前よりは日本に良いイメージを持っていますけど，独特なところがあるので，でも帰ってきて電車に乗ると皆同じだなぁって思いますね。同じ格好をしているなぁって""日本人に初めて会ったという人もいて…（中略）…自分は軽い気持ち，ではないけど，普通の一学生として留学したけど，向こうは日本代表みたいに思ってくださっている人もいますので，だ	日本人である自分に，周囲から気付かされる。自分でも積極的に学ぶ中で，民族性を自身の一部として自分の存在を理解するようになっている

No	自我ID （Z得点）	プロトコル例	解釈
		から質問に答えられなくて…（中略）…その都度，自分で調べたりとかしましたね"	

注：(斜体) は植松補足

ていない。異文化接触やマイノリティへの移行によって焦点が当たった民族性を，自分の一部としてスムーズに受け入れているところが共通した特徴といえるだろう。

民族アイデンティティ「愛着・所属感」低群×自我アイデンティティ低群

この群のプロトコル例については，Table 6-3-6にまとめてある。自分が一つにまとまらずバラバラになったような感じであったり（Case2），もともと抑うつ傾向がみられ，くよくよしてしまいがちだと述べる（Case22）など，自我アイデンティティの揺らぎを感じさせる言及がある。また滞在国で自分の民族性をネガティブに捉えており，自我アイデンティティ得点が低くても民族アイデンティティ「愛着・所属感」が高かった群のように，確かな足場として民族性を認識し，現地での自分らしさや自分の存在の支えとして，もしくはバックボーンとして捉えている様子は見られない。

Case2は留学中は留学生（international student）であることに自分を同一化させ，それが集団アイデンティティとしての機能を果たしていたことがうかがえる。すなわち②の群のCase3のように民族性以外の集団アイデンティティの存在があるようだが，留学後の実感として，多くの文化を体験したことで自分の経験の方向付けや価値観の基盤として機能する集団アイデンティティが混乱し，その結果自我アイデンティティが混乱して1つに定まらなくなっている。

Case22はCase2とも異なり，自分が所属する集団をほとんど持っていないことが特徴であった。また民族性の捉え方が常に揺れていたようだった。①の群は，自分の民族性に留学前からコンプレックスがあったり劣等感を感

Table 6-3-6 民族アイデンティティ「愛着・所属感」低群×自我アイデンティティ低群

No	自我ID （Z得点）	プロトコル例	解釈
Case2 滞在国 イギリス 海外経験 高校1年時 に1年 （アメリカ）	自我ID： 45.7	"同じ日本人を見ても「俺はああいう日本人とは違うんだ」とか（意識していた）昔から良く「お前は日本人ぽくない」って言われてて…（中略）…スタンダードジャパニーズじゃないでしょって言われるぐらい，傍から見ても違うみたいで" "日本人と言うよりは，international student の一人って感じでしたね" "イギリスでの社会的な振舞い方とかシステムとか，日本ともアメリカとも違うので…（中略）。はじめは（イギリスで）アメリカ人とあまりにも行動パターンが違いすぎて，見た目も同じ白人なのに…（中略）…それで最初距離がつかめなくて…（中略）…（3つの文化を客観的に見て同時に感じているが）それが時々ごっちゃになって，日本でもアメリカ的な距離感で接してしまうと，みんな「え？」みたいなのもあるし…（中略）なんかまだ融合というよりは，バラバラのピースである感じで，さっき言ったようにごっちゃになってしまったりとか，まだ一つにまとまらない	民族性はポジティブに感じつつも，滞在国では距離をとっていた。3つの国の文化（「集団アイデンティティ」）がバラバラに存在して，自分らしさや自分を支えるものとして機能せず，時に混乱している
Case22 滞在国 フランス 海外経験 大学3年時 1ヶ月 語学研修と ホームステイ	自我ID： 46.8	"（日本は）個人個人の意見を大切にしないんだなっていうのを身に沁みて感じますね。本当にステレオタイプな意見なんですけど，皆同じこと言ってますよね。あわせるというか。あとフランスにいると，間違えることを気にしないんですよね。考えが変わることとか" "できればフランス人みたいになりたいなって思いましたよ。そうしたら，そういうマイナス面（文化差など）も感じないのかなって" "でもやはり日本は楽だなと思う。再認識させられますね。（帰国後）こんなに楽に暮らせると" "（自分の性格は）粘り強くなった。でもまだ打たれ弱いところはある。あまりポジティブじゃないんで，割りとネガティブな方に考えて準備していくので切り替えが難しいですかね。あと細かいことにくよくよしてしまうので"	民族性に愛着は持っているが，基本的にネガティブに捉えているため，自分のよりどころとして機能せず，アンビバレントに揺れている。抑うつ的な傾向が留学前からあり，留学後も変わらない面として自覚されている。

注：（斜体）は植松補足

じていたりしたが，留学先ではそれを肯定的に捉えなおすことで自分を保とうとしている。しかしCase22は例えば「フランス人だったら良いのに」と思いながら自分には合っている日本の文化やシステムなどを感じており，集団所属感の葛藤によって自我アイデンティティの実感が弱まっているように見える。

今回のインタビューデータは留学後に回想法で尋ねているため，留学中の彼らの様子を明らかにするには限界があり，また生育歴などは尋ねていないためアイデンティティ発達に関する歴史を含めたアセスメントは難しいが，おそらく両ケースとも集団アイデンティティと自我アイデンティティのバランスに，何らかの不具合を感じていたことは確かなようである。

(2)**意識場面の分析**　次に，25名すべての対象者の民族アイデンティティを方略的に意識している場面を抜き出し，精神内の秩序を保とうとする自我の調整機能の観点から，民族性を意識する際の特徴を検討する。民族性がどのように把握されるのかを明らかにすることができれば，留学生が自分の民族性を意識する際にどのような力動が働くのかを明らかにできると考える。

分析方法に示したように，自分が日本人であることを意識する状況には，相手との差異など違和感をともなう葛藤場面と，嬉しさや良い面としてのポジティブな場面がある。自我の調整機能が葛藤場面かそうでない場合では異なると考え，これらは個別に分析する。

ポジティブな意識場面はTable 6-3-7，ネガティブな意識場面はTable 6-3-8に示した。なお機能として抽出した部分は下線で示し，複数ある物については番号を振って，それぞれ右枠に自我の調整機能としての解釈を記入した。また意識場面の言及から機能を解釈することが難しかった場合は，無理に解釈をせずに斜線で示した。

その結果，ポジティブな状況においては，自分が日本人であることが滞在国での生活にそのまま生かされ，心理的な満足感や自己一致の感覚につながっていることが分かった（e.g., Case1, 18）。

ネガティブな状況では，ほとんどが周囲との差異を感じた自己不全感や自他の不一致感が生じている。具体的には，マジョリティと異なる自分の存在を感じた時（e.g., Case7, 18, 20）や生活習慣の違いを感じた時（e.g., Case9），街中でジロジロみられるなどのマイノリティ経験（e.g., Case15, 16-25），自分が思ったように行動できず不全感が高まった時（e.g., Case13, 22, 23），さらに周囲から日本人としてのイメージを求められる時（e.g., Case4, 17, 21）などである。

こうしたネガティブな状況では，例えばCase13が語学的な問題で課題が思うように出来ない不全感を「日本人だから」と思うことで自分を励ましていたという言及に象徴されるように，民族性を意識するのは，留学先での異文化接触，マイノリティ経験，不全感や自己不一致感に，何らかの根拠を与えるものであった。

つまり，自分が日本人であることに，現地での違和感や自分の不全感や不一致感をいったん落ち着かせることで，いわばシェルターのように，心理的な安定を保つ働きがあると思われる。

Table 6-3-7 ポジティブ状況における民族性の意識の仕方

ポジティブな状況	機能としての解釈
Case1：自分で自分が日本人だなって意識するのは，うーん，『あ，これって日本人の特色なのかな』って思ったのが，割りと自分では当たり前にしていることが向こうの人に凄く感謝されたりとか『なんて優しいの』って。凄く好かれるんですよ。…(中略)…日本人にとって相手の気持ちを考えるって凄く普通じゃないですか，昔から言われてきたみたいなのが。でもやっぱりそれって文化で，教育されてきたからその力は凄く強いなって思って。私は良く見られるほうの文化を持っていたから良かった。運が良かったなって感謝するし，それはすごく良かったなって思う。	マジョリティに認められている自分らしさの根拠を明確にするため
Case18：自分のそのままの自分でいても，日本人らしい，ポライトネスっていいますよね。礼儀正しさじゃないけど，そういうのを，誉め言葉として指摘されたときかな。	マジョリティに認められている自分らしさの根拠を明確にするため

Table 6-3-8 ネガティブ状況における民族アイデンティティの機能についての分析

ネガティブな状況	機能としての解釈
Case2：（意識する場面としては）同じ日本人を見ても、『俺はああいう日本人とは違うんだ』とか。で、イギリス人に『僕は彼らとは違うから』って言っても、向こうも『うん、分かってる』って感じで。何か、日本人、スタンダードジャパニーズじゃないでしょって、傍から見ても違うみたいでした。イギリス人に日本人を説明する時は『彼らがスタンダードジャパニーズだから』って言ってた。	周りの日本人とは異なる自分らしさを明確にし、維持するため
Case3：日本人だというよりは、アメリカ人でないという方が大きかったですね、特に最初は。でも日本人の方と会うと『あ、日本語喋ってる』って（意識した）。それ以外は英語を喋らなくてはいけないし、最初は流暢ではないし、今もそうですけど。だから英語を使っている時は、ネイティブじゃないなって。日本人というよりは。	
Case4：そうですね、人の視線が…。語学学校のクラスは10人しか居なくて、その中で日本人が3人とか4人だったので、日本人の割合がおおいんですけど、街全体の日本人の数だと、10人とかそんなもんなんですよ。だから。すごく日本人の少ない街でしたね。多分。その中ですごく（*日本人だと*）思いました。	外国人として注目される根拠を明確にするため
Case5：感覚としたらやっぱり日本人だなっていうのがある。日本人らしいと言うことが分かりましたね。①中国の人達と比べて、いろんな人と、いろんな国籍の人と付き合ったり、言葉を勉強しても、感覚は日本人で、それは変わらないんだということが分かってきました。どういうところで分かったかというと、日本語を聞いてほっとしたり、②ちょっとしたことで遠慮したり。嫌だなって思うことが日本人特有というか。日本人が嫌だなって思うことが私も嫌だったり。例えば、タンを吐いたり、ゴミをぽいって捨てたり。中国人は学生でもタンを吐くんですよ。それをああ嫌だなって思うのが、日本人だなって。	①自己の連続性・一貫性の感覚を維持するため ②マジョリティと異なる自分らしさの根拠を明確にするため
Case6：そうですね、意識せざるを得なかったですね。周りに日本人が沢山いたので。周りにいて日本語を話したり、固まっていたりすると『ああ、私も日本人なんだよな』って思わされる。	自己らしさを維持するため（日本人らしさを対立項として）
Case7：はいそれは。ああ、でも日本人だけど、他の留学生と一緒にして欲しくないって思いましたね。さっきも言ったように、A大から来る日本人のイメージがすごく悪いんですよ。日本人とばっかりいるし、英語は喋れないし、遊んでいるし。その人達と一緒にして欲しくないんで、違う日本人だって。そういうことをすごく意識していたんです。自分は日本人だけど、特別視して欲しい。	周りの日本人とは異なる自分らしさを明確にし、維持するため
Case8：①日本人に話しかけられて、日本人だなって思いました。見た目が。フランス人からすると、アジア人の人って感じらしいんですけど。9月中は日本人といることが多かったですね。何してるんだろうって、（*日本人が*）話しかけてきて。②後の方が段々（*日本人であると*）意識する。意識するというか、自覚するようになる。やっぱり	①バックグラウンドの明確化のため ②マジョリティや他の国の人々と異なる、自分らしさの根拠を明確にする

第6章　民族アイデンティティと自我アイデンティティの関係　141

ネガティブな状況	機能としての解釈
（フランスの）友達とか，アジア人と話すことが多くなったから。	ため
Case 9：（あまり意識しないが，その中でも意識する場面としては）松井がホームランを打ったのを見たときや，あと週に1回NHKのニュースがあって，日本のテレビに契約しなくても見られる。で，それを見ると日本人だって。	マジョリティと異なる視点の根拠を明確にするため
Case10：最初は「日本人だから恥ずかしいからこれはできない」，「これはできない」って思っていて，で，途中から「これは少しずつ止めよう」って思い出して。	思うように行動できない根拠を明確にするため
Case11：日本人ていうより，まずアメリカ人じゃない，違う，と言うところから始まって，なんかアジア人っていうふうに思っていたかな。あえて言えば。…（中略）…日本にいる時にくらべたら，（意識が強くなるというのは）ありますね。やっぱり日本人て言われるから。授業中とかでも良く出てきたから，日本て。で，その度に（話を）振られて。	異文化で周りから求められる自己イメージの根拠を明確にするため
Case12：ドイツにいるときは，①自分が日本人で，日本文化大好きで，日本文化優れているっていう感じだったんですけど，それがアンケートに現れているかどうかは分からないですけど。自分が日本人だし，日本的性格しているし。（特に意識したのはナイトクラブで）踊っている場面。②周り白人ばっかだとその中にアジア人一人だと，こいつ差別してんじゃないかなとか。みんな気になると思うんですよ。見下してんじゃないかなっていうのを，（自分が）勝手に思っているんですよ。	①マジョリティと異なる自分らしさの自信を維持するため ②被差別感の根拠を明確にするため
Case13：留学生だからって，甘えていたかも知れないですね。授業とかも発言しなくてもしょうがないよ，見たいのとか。やっぱ文化が違うし，別に周りに居る人と同じように過ごさなくてもいいやって言うのがあったし，あんまりこう，アメリカ人になんなきゃ，アメリカ風にしなきゃというのは思わなかったですね。私は日本人だしって思って。…（中略）…やっぱり授業で，リーディングの量が多くて，で，終わらなくても自分を励ます「日本人だから私」って。そんな時意識しましたかね。	思うように行動できない根拠を明確にするため
Case14：常にじゃないですけど。たまに。最初は，英語が上手く喋れないのでその結果として，だいたいいつも意識して。	思うように行動できない根拠を明確にするため
Case15：うーんと，結構友達の，多くが，日本語を学んでいる人が多くて。日本語のクラスに行って，なんだろう，友達を作るきっかけになるかなと思って。で，友達を作ったんで，まあもともと関心があるというか。日本語に関して。①だからとくに自分に求めてくるのが，日本的なものだったり。まあ，日本語もそうですけど，日本人的な考えかただったりとか，日本語のバックグラウンドだったりとか。が，多かったので，日本人だということを意識することは多かったですね。うーん，まあ，それを意識しなくなることは多分なかったですね。た	①異文化で周りから求められる自己イメージの根拠を明確にするため ②外国人として注目される根拠を明確にするため

142　第2部　仮説に対する実証研究

ネガティブな状況	機能としての解釈
だ，そうですね。あと，まあ，②結構その白人社会っていうこともあって，町とか歩いていると子どもがじっと見てきたりするんですね。まあ，日本人の子どもとかも多分見ますよね。それと同じような感覚で。そういうのも，多分まあ，日本人だとは思われていないとは思うんですけど，その，アジア人として見られている感覚があって。	
Case16（モラトリアム）：最初はあまり意識してなかったんですけど，①やっぱり外見も違うし。外見的なのが一番かな。②セビージャは特になんですけど，アジア人があるいているとみんな中国人なんですよ。中国人とか見たとき，馬鹿な少年とかが行ってくると，「あ，アジア人だからな」って思ったり。あと，③友達と話していて，あんまり乗れない時に「やっぱり日本人だからかな」って思って…（中略）…「それは日本人だし」って思って安心していた部分も。だから乗れない，違うんだよねって	①マジョリティと異なる自分の外見の根拠を明確にするため ②外国人として注目される根拠を明確にするため ③思うように行動できない根拠を明確にするため
Case17（モラトリアム）：コンスタントには意識していないんですけど，たまに日本の話題になったり，他の国の文化を学んだときに，日本はどうかなと思ったことがあります。日本にいるときには日本人だと考える必要がないので，他の大学生だとか，こういう部活に所属しているというような，Identificationになると思うんですけど，ドイツにいて日本人がほとんどいないような状況で生活していますと，やっぱり日本人として見られるというのがあります	異文化で周りから求められる自己イメージの根拠を明確にするため
Case18：割と常にありましたね。例えば日本で自然にやることを，向こうではやらないこと。例えば，頭下げるけれど，そういうことが全然なかった。なかったというか，誰もやらないから自然とやらなかったんですけど，そういうときとか。	マジョリティと異なる自分らしさの根拠を明確にするため
Case19：まあ，それはうん。他の日本人の学生と比べたらそうでもないと思います。その友達の範囲が広いんですよ。前にアメリカに住んでいたこともあったし，アメリカのことをわりと知っていましたし，どうやって友達を作ればいいかと言うことも知っていたので。割とヨーロッパの人との交流があったんですね。で，そういった意味で，ヨーロッパの友達と一緒に居ると，そこまで日本人っていう意識で交流しているわけじゃないし，やっぱ遊んでいる時は，一緒にバークレーに住んで，いってみれば同じ地球人だっていう意識で生活しているので。確かに話している内容にもよるんですけどね。ただ，話している内容にもよりますけどね，国際政治の話をしている時には日本人って思って話しますし。ただ，一緒にサッカーやっているときとか，そういうときは意識していないですよね。	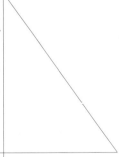
Case20：日本人だって意識する場面って，どうだろう？生活全般ですね。ある意味。最初はやりやすかったと言うか，理想としては，前にイギリスに住んでいたというのがあって，最初すごく入りやすかったんですね。イギリス完全にイギリス英語なんですよ。そうすると向こうの人もすごく親しみ沸くらしくて，そういうアジア人あまりいな	マジョリティと異なる自分らしさの根拠を明確にするため

第6章 民族アイデンティティと自我アイデンティティの関係　143

ネガティブな状況	機能としての解釈
いから。「お前何人だ」とすっごい言われて、下手すると「British」って言っても通じちゃうぐらいだったんで（笑）、「お、俺イギリス人でもいけちゃうんじゃないか」って感じだったんですけど（笑）。それはやっぱり文化の時点で無理って、ある時点で気づいて。考え方もそうだし、のりもそうだし、話の持って行き方、のりとか、全部。現地のイギリス人になりきる、なっちゃうのは無理って思ったんですね。完全に日本捨てて、イギリスに10年ぐらいいないと無理だなって思って。で、自分考えてみたら「やっぱり自分は完全に日本人だ」って割り切ったんですよ。ある時期から。で、イギリス人と接するには、イギリス人として接するんじゃなくて「俺は日本人だ、インターナショナルな人間だ」って言う風に割り切って接するようにしました。	
Case21（モラトリアム）：そうですね。常に。やっぱり自分からというよりは、周りから意識させるっていうか。そんなにプレッシャーみたいな感じで扱うんじゃないんですけど、なんだろう？色んな時に日本の話題が出ると、私に振られるというか、色んな日本のネタでからかってくるというか。やっぱり仲良い中で私が数少ないアジア人だったので、やっぱりみんなも、ヨーロッパの人たちとやっぱ距離があるじゃないですか、アジアは。だから向こうも特別で、なんか遠くから来た子という。	異文化で周りから求められる自己イメージの根拠を明確にするため
Case22（モラトリアム※愛着ネガティブ）：いつもじゃないけど、時々ありますね。やはりなんていうか、システムが違う時っていうか。日本だと全部上手くいくじゃないですか、日本人だし、システム自体も1個進めたら、スムーズに行くし。でもフランスって上手く行かないんですよ。そういうときに日本人だなって思いますね	思うように行動できない根拠を明確にするため
Case23：常にじゃないですけど。仲が良かった日本人のこの子はすっごく適応が早いんですよ。私はそうはいかなくて、日本人の部分が多いのかなって思いました。	思うように行動できない根拠を明確にするため
Case24：しました。でもなんか私の場合は日本人と一緒にいるときに、日本人だって意識したかもしれない。外国人といるときは素でいるんですけど、日本人同士だとさっき話したみたいに気を使っていうルールみたいなものがあるから、やっぱり気を使わなきゃって思ってて、その時に私って日本人だなって思いましたね。でも9ヶ月目ぐらいから消えていったんですよ。というのも、周りの日本人も素になりだしたから。だからだんだん日本人としての意識も薄くなりました。	同胞との関係を維持する際に必要なルールの根拠を明確にするため
Case25：う〜ん、ちょっとずれるかもしれないですけど、アジア人が少ないので、町を歩いているだけで①みんな見てくるんですよ。だから日本人ていうくくりまでいくかわからないんですけど、アジア人というのは意識しましたね。②あと友達に聞かれたりとかするときですね。それで答えられなかったりしたときです。ああ、結構あったはずなんですけど、そうだな、③やっぱりはっきり言うって言っても、周りの外国人レベルほどには達してないんですね。日本人の中ではか	①外国人として注目される根拠を明確にするため／②異文化で周りから求められる自己イメージの根拠を明確にするため／③マジョリティと異なる自分らしさの根拠を明確

ネガティブな状況	機能としての解釈
なりはっきりしてると思うんですけど。「やっぱ日本人だね」って言われたりして。そういう時にやっぱり日本人だなって思ったり。	にするため

注：（斜体）は植松補足

6.3.4 考察

(1)**群ごとの分析**　分析6-1の重回帰分析で明らかになった民族アイデンティティ「愛着・所属感」と自我アイデンティティの関係を質的に検討した。民族アイデンティティ「愛着・所属感」が高く自我アイデンティティが低い①の群は，異文化でのマイノリティ体験によって，自己の不一致な感覚や，揺らぎを感じたエピソードが多く言及され，それを支えるために自分の民族性を良いものとして捉えていることがうかがえた。したがって，民族性を肯定的に捉えることには，防衛的な機能があることが見出された。

また民族アイデンティティ「愛着・所属感」が高く，自我アイデンティティが高い群は，滞在国において民族アイデンティティが防衛的というより，自分らしさや自分なりのやり方の特徴として自分の民族性を明確に捉えている言及が多いことが特徴的であった。彼らは民族性を基盤にした自分のバックグラウンドに気付いたり，それを理解すること，自我アイデンティティの安定が上手く関連しあっているように思われる。特に①の群（民族アイデンティティ「愛着・所属感」高群×自我アイデンティティ低群）と異なり，スムーズに自分の集団アイデンティティの一部として取り入れられ自我アイデンティティを支えているようであった。

民族アイデンティティ「愛着・所属感」が高い群に共通の特徴は，自分の民族性を肯定的に認識することが，異文化環境での自分の足場を支えていたことにある。しかしその働きは，「愛着・所属感」が高く自我アイデンティティが低い群が示すような防衛的な面と，両要因とも高い群が示すようなスムーズな自己の基盤として取り入れる違いが見られた。

防衛的であっても，スムーズな取り入れであっても，自分の経験を組織化する民族アイデンティティの働きの一つとして，自我アイデンティティを支えるにはちがいないが，防衛的な働きが強ければ，それだけ不安が高く，異文化移行によるインパクトを受けている場合の指標にもなる。そのため分析6-1で民族アイデンティティ「愛着・所属感」と自我アイデンティティに負の関連が見られたのではないだろうか。

民族アイデンティティ「愛着・所属感」が低く，自我アイデンティティが高い②の群では，現地でマイノリティ体験による揺らぎがほとんど言及されていないという特徴が見られた。そのため，①の群のように不全感や自己不一致感を防衛する必要はなく，異文化で問題なく過ごせているようだった。集団アイデンティティと自我アイデンティティの関係は，本研究のみでは明らかに出来ないが，おそらく集団アイデンティティとして民族性以外の他の集団領域が機能していたと思われる（e.g., Case3は後半の仲間関係が良く，そこで中心的役割を果たしていたことに言及／Case9は大学院の授業に出るほど学業習得が著しく良かったことに言及）。おそらく分析6-1で明らかになった民族アイデンティティ「愛着・所属感」と自我アイデンティティの関係の分散には，2つの群のような特徴を持つ対象者がいずれも含まれていると思われる。

反面，民族アイデンティティの得点が低く，自我アイデンティティの得点も低い群は，自分の民族性にネガティブな反応を示し，また②群のように民族性の代わりになる集団アイデンティティの存在を推察させる言及もはっきりとしなかった。今回の分析だけでは詳しい特徴を明らかにすることは出来ないため解釈には限界があるが，おそらく心理臨床的にはもっとも心理的に不安定な群であったと考えられる。

(2)**意識場面の分析**　民族性を意識している場面のプロトコルを，自我の調整機能の観点から分析した。結果，特に自己不一致や不全感を感じる状況において，自分が日本人であることをその根拠として機能させ「日本人だからしょうがない」といったように自分を納得させ，心理的な安定を保つ働きがあ

ることが分かった。

　この働きは群ごとの分析で明らかになった①の群で見られたような防衛的な働きに似ているが，意識場面のほとんどがネガティブ状況だったことを考えると，そもそも民族性を意識するのは異文化における何らかの国内での生活との差異の認識から，自己不全感や不一致な感覚が存在している場合が多いのではないだろうか。そして民族性を意識することには，異文化での自己不全感・不一致といった内面の揺らぎや葛藤状況を，自分の民族性にいったん抱えさせてやり過ごすという，自我の調整機能が働いている可能性がある。すなわち，自分の民族性を意識することが，異文化での不全感や不適応感にそれなりの理由を与え，且つ自尊心を維持しながら生活するための方略になっていると推察できる。

6.4　全体的考察

　分析6-1と6-2によって，民族アイデンティティが自我アイデンティティにどのように関係しているのかを検討した。分析6-1では国内学生と比較し，日本人留学生の民族アイデンティティのうち自分の民族性への積極的な関心を持ちより深く理解しようとする「探索」の側面が，滞在国での心理社会的な自分の感覚である自我アイデンティティに対する正の予測因になることが示された。自分の属する集団をより明確に理解することは，自分のバックグラウンドや思考・行動の理由として自己の斉一性・連続性の実感を伴い，さらに現地社会での自分の存在を明確にする面があり，社会的な存在としての実存感を高め，自我アイデンティティの実感にもつながっていると考えられる。

　一方，国内学生とは逆に，日本人留学生においては民族アイデンティティ「愛着・所属感」の側面が自我アイデンティティの負の予測因となっていた。この関係は，異文化環境及び，マイノリティ属性への変化によるリスクを反

映しているのではないかと考えた．

　この理由を明らかにするために，分析6-2で特に民族性の意識場面における民族性の捉え方に着目して，民族アイデンティティの機能的側面を検討した．はじめに群ごとに検討したところ，民族アイデンティティの愛着や所属感が高く，自我アイデンティティが低い群では，留学前のコンプレックスや留学時の差別経験など異文化におけるネガティブなマイノリティ体験が多く言及される特徴が見られた．そして民族アイデンティティ「愛着・所属感」の高さについては，それらの不安定さ補うために日本人であることの良さが強く意識されていると解釈でき，自民族への肯定的感情は異文化での体験から生じる内的な揺らぎを防衛する働きをもっていることが考えられた．

　この防衛的な機能については，自我の調整機能に焦点を当てた意識ごとの分析でも見出された．異文化で自分の民族性を意識する場面では，異文化での自己不全感，不一致感が生じていることが多い．そしてそこで方略的に自分の民族性を理由に，自分を納得させていると解釈できた．民族性を理由に納得をすることは，自分の異文化における自己の不一致感を一旦ホールドさせる働きがあると思われる．この働きによって異文化の揺らぎの中でも心理的な安定を保ち，現実的な自己運営を維持するのではないだろうか．

　ただし，こうした働きは，民族アイデンティティ「愛着・所属感」が高く，自我アイデンティティも高い群の特徴とは異なっていた．この群では，民族性への肯定感が異文化での自我アイデンティティをより確かなものにするように働いており，自分の民族性が持っている特徴が，自分らしさの一部としてスムーズに取り入れられていた．

　これらの分析から，分析6-1で民族アイデンティティの構成要因である「愛着・所属感」が，自我アイデンティティの負の予測因となったのは，「愛着・所属感」に民族性を自覚し肯定的に認識した際の，防衛的な側面が反映されたためであることが推察される．少なくとも，民族アイデンティティ「愛着・所属感」のみが高まっている場合には防衛的になっている可能性が

あり，異文化接触のリスクを反映して，滞在先で自我アイデンティティが示すような自分らしさの実感や心理社会的な実存感が弱くなっている可能性がある。また，日本人留学生の「探索」と「愛着・所属感」に有意な正の相関が示されたように，「愛着・所属感」と自我アイデンティティがともに高い群では，自我アイデンティティと相乗効果的な関係を示していた。

本研究では，民族アイデンティティと自我アイデンティティの関係を検討し，本論文の仮説2「民族アイデンティティは異文化において自我アイデンティティを高める役割を持つ」は，特に「探索」の側面で支持されたと言える。研究5の分析5-2からも，民族性の探索経験が集団アイデンティティの一側面として民族アイデンティティが顕在化する際の鍵になることが見出されたが，それだけではなく，自分の民族性をより理解しようとする「探索」の要因は，現地での自我アイデンティティを高めるためにも，重要であることが明らかになった。また「愛着・所属感」が高くなっている場合に，自我アイデンティティが低くなっている関係が示され，異文化接触によるリスクの側面が反映されている可能性が示唆された。質的な分析によって，自民族に対して肯定的な感情を持つ面には，滞在先で揺らぐ集団アイデンティティ（異文化接触のリスク）を守ろうとする防衛的な役割があることが分かった。こうした働きを反映して，「愛着・所属感」は自我アイデンティティの低さに関与していたと思われる。

では，民族アイデンティティは異文化適応感とはどのように関わっているのだろうか。次章では自我アイデンティティとの関係を合わせて異文化適応感に対する役割について検討する。

第7章　異文化適応における民族アイデンティティの役割モデルの検討

7.1　研究7　民族アイデンティティは異文化適応にどのような役割を持つのか？

　日本人留学生の民族アイデンティティは，異文化において新たな集団アイデンティティの一側面として顕在化しやすいことが明らかになった（研究4と研究5）。研究5の分析5-2では，探索経験があるモラトリアム群で自分の思考・行動・社会的立場などに影響するものとして民族性が捉えられることが分かり，本論文の仮説1「集団アイデンティティの一側面である民族アイデンティティは，異文化において国内にいる時より顕在化するようになる」が支持された。

　研究6の分析6-1では，民族アイデンティティの構成要因「探索」と「愛着・所属感」は，自我アイデンティティとそれぞれ異なる関係を持つことが明らかになり，本論文の仮説2「民族アイデンティティは異文化において自我アイデンティティを高める役割を持つ」は，特に「探索」の側面で支持された。そして分析6-2のプロトコル分析から，民族アイデンティティの構成要因のうち「探索」は，異文化の中で自分の出自を理解しようとすることによる自我アイデンティティとの相乗効果的な関連を示し，「愛着・所属感」は異文化で自分の足場が揺らいだ場合の防衛的な働きを反映しているのではないかと推察された。

　このような特徴が明らかになってきた民族アイデンティティは，異文化での適応感に対してどのような役割を持つだろうか。本章の研究7では仮説3

「民族アイデンティティは異文化において，自我アイデンティティと共に『異文化適応感』を高める役割を持つ」について検討する。

本研究では，集団アイデンティティと自我アイデンティティの関係に基づき「民族アイデンティティの役割仮説モデル」を検討する。先行研究では，民族アイデンティティと他の指標との直接的な関連を見ているものが多い。本論文の研究2でも，先行研究にならって民族アイデンティティからの異文化適応感に対する直接の関与を仮定した。そこに自我アイデンティティという要因が加わった場合，どのような関係が見られるようになるだろうか。研究6の分析から，民族アイデンティティの構成要因はそれぞれ異なる役割を持つことが予測される。さらに異文化環境における働きと国内環境における働きは異なっている可能性がある。

よって仮説3を明らかにするために，本研究では研究7として3つの分析を行う。はじめに分析7-1では，民族アイデンティティと異文化適応感の関係に，自我アイデンティティの要因が加わった場合にどのような関係が見られるようになるのかを検討し，次に共分散構造分析による「民族アイデンティティ役割モデル」の検証を行う（分析7-2）。そして最終的に国内学生と日本人留学生の間で，このモデルを比較検討する（分析7-3）。

7.2 研究7 分析7-1 日本人留学生による民族アイデンティティ役割モデルの検討

7.2.1 問題と目的

第1章で考察したように，先行研究ではマイノリティ青年の民族アイデンティティは適応感や自尊心などの心理的健康の指標との関連が明らかになっている（Yip & Fuligni, 2002; Lee & Yoo, 2004; Poyrazli, 2003; Yasui et al., 2004; Ong et al., 2006）。先行研究は，個人の包括的なアイデンティティを代表する指標

として民族アイデンティティを用い，心理的健康とは直接の関係を見ている。

本研究で自我アイデンティティに対しての要因を加えたとしても，先行研究と同様に民族アイデンティティと異文化適応感が直接関連する可能性はある。しかし理論的には，民族アイデンティティは集団アイデンティティの一側面であるため，自我アイデンティティを媒介として異文化適応感に関与するようになるのではないだろうか。本研究では，こうした仮説にもとづく関係モデル（Figure 7-1）によって，この点を検討する。

研究5（分析5-2）では民族性の意味や歴史・文化的な背景を深く知ろうとすることは異文化環境での民族アイデンティティの顕在化の指標になっている可能性が示唆された。また「探索」は，研究6の分析6-1と分析6-2で，自我アイデンティティを支えるものになっていることが明らかになり，異文化での実存感を高める要因であることが推察された。一方，「愛着・所属感」は異文化移行に伴う不安定さを防衛する働きが示唆されており，異文化接触時のリスクを反映した働きを持っている可能性がある。本研究では以上の点を踏まえて，以下の仮説を設定した。

仮説7-1

(1) 民族アイデンティティは自我アイデンティティを媒介要因として，異文化適応感を高める。
(2) 民族アイデンティティ「探索」が高いと，自我アイデンティティや異文化適応感は高いが，「愛着・所属感」が高いと自我アイデンティティや異文化適応感は低くなる。

Figure 7-1　仮説モデル概略図

7.2.2 方法

調査対象者 北米に留学中の日本人留学生122名（男性59名；女性63名）である。彼らの詳しい属性は Table 2-1（B群）に示している。

調査時期 日本人留学生は2006年10月～2007年6月と2008年1月～4月に調査を実施した。

調査方法 合計21の学生団体・留学生ネットワーク[1]，及び個人に調査を依頼し，E-mail もしくは郵送にて調査用紙を配布し回収した。E-mail を使用する際は匿名性に配慮し，追調査への協力もしくはフィードバックの希望がある場合を除いてアドレスを即時削除することを伝えた。

質問紙の内容

①民族アイデンティティ尺度　研究3で検討した8項目（4件法）を用いる。

②自我アイデンティティ尺度　谷（2001）によって開発された"多次元自我同一性尺度"（20項目：7件法）を用いる。

③異文化適応感尺度　研究1で作成した尺度（19項目：4件法）を用いる。尺度は滞在国での言語的，文化的理解を示す「滞在国の言語・文化（5項目）」領域，心理，身体的な良好さを示す「心身の健康（6項目）」領域，学業面での満足感や充実感を示す「学生生活（5項目）」領域，滞在国の人々との親密さを示す「ホスト親和（3項目）」領域の4つの下位構造を持っている。

④属性を尋ねるフェイスシート　性別，学籍，専攻，年齢，滞在期間など

---

[1] 依頼組織　Japanese Student Association（ミズーリ・コロンビア大学，スタンフォード大学，サンフランシスコ州立大学，オレゴン大学，カリフォルニア州立大学 Long beach 校，カリフォルニア州立大学 Irvine 校，コーネル大学，マサチューセッツ工科大学，アリゾナ州立大学，コロラド州立大学，ハーバード大学，ネバダ大学，カンザス州立大学，オクラホマ州立大学，カンザス大学，ブランディ大学，デンバー大学），Japanese Student Network，ピッツバーグ ML，未来へ.com

7.2.3 結果

(1) 各要因の属性による分析　まず対象となる留学生の性別，年齢，学籍（学部生・大学院生），専攻（文系・理系），滞在期間といった属性によって，本研究で用いる民族アイデンティティ「探索」，「愛着・所属感」，自我アイデンティティ，異文化適応感「滞在国の言語・文化」，「学生生活」，「心身の健康」，「ホスト親和」の各要因に差が見られるか検討するため，年齢と滞在期間については相関を分析し，他の要因は一元配置の分散分析を行った。

結果，年齢と自我アイデンティティに有意な正の相関が見られ（$r = .229$, $p < .05$），「滞在国の言語・文化」に有意な負の相関がみられた（$r = -.231$, $p < .05$）。また，滞在期間と異文化適応感の「滞在国の言語・文化」（$r = .299$, $p < .01$）と「ホスト親和」（$r = .179$, $p < .05$）に有意な正の相関が見られた。それ以外の要因では，これらの属性による違いは見られなかった。自我アイデンティティの年齢との関係は，先行研究と一致し，この尺度の妥当性を示している。異文化適応感の他の要因と，年齢および滞在期間の関連は見られていないため，異文化適応感と年齢や滞在期間の個別性については今後検討することとして，今回の分析では日本人留学生を包括的に検討する。各要因の尺度得点の平均は Table 7-2-1 に示す。

Table 7-2-1　各要因の平均尺度得点と標準偏差

	平均尺度得点	標準偏差
民族アイデンティティ		
探索	3.0	.67
愛着・所属感	3.4	.52
自我アイデンティティ	5.2	.90
異文化適応感		
滞在国の言語・文化	3.2	.60
心身の健康	3.2	.60
学生生活	3.1	.62
ホスト親和	3.6	.54

注：自我アイデンティティは range：1〜7 / 他は range：1〜4

(2) 要因間の関係の分析　次に，各要因の相関を分析した（Table 7-2-2）。まず，民族アイデンティティ「探索」は，自我アイデンティティに10％水準で有意な正の相関の傾向が（$r=.170$, $p<.10$），また異文化適応感の「滞在国の言語・文化」には有意な正の相関が明らかになった（$r=.221$, $p<.01$）。また，民族アイデンティティ「愛着・所属感」は自我アイデンティティに10％水準で有意な負の相関の傾向が見られたが（$r=-.156$, $p<.10$），異文化適応感領域に有意な相関は見られていない。

　自我アイデンティティは異文化適応感の「滞在国の言語・文化」（$r=.183$, $p<.01$），「学生生活」（$r=.378$, $p<.001$），「心身の健康」（$r=.536$, $p<.001$）に有意な正の相関が明らかになり，「ホスト親和」には10％水準で正の相関の傾向が明らかになった（$r=.156$, $p<.10$）。

(3) パス解析による仮説モデルの検証　各要因には，それぞれ関連が見られたため，仮説7-1を検討するために仮説に基づくパス解析による分析を行った結果，民族アイデンティティ「探索」からは自我アイデンティティに有意な正の関与（$\beta=.342$, $p<.01$），「愛着」からは有意な負の関与が見られた（$\beta=-.332$, $p<.01$）。また自我アイデンティティからは「滞在国の言語・文化」に10％水準で有意な正の関与の傾向（$\beta=.166$, $p<.10$），「学生生活」（$\beta=.364$, $p<.001$）と「心身の健康」（$\beta=.559$, $p<.001$）にはそれぞれ有意な正の関与が明らかになった。しかし「ホスト親和」とは関与が見られなかった。

Table 7-2-2　各要因の相関

	自我アイデンティティ	言語・文化	学生生活	心身の健康	ホスト親和
		異文化適応感			
民族アイデンティティ					
探索	.170[+]	.221**	.136	.026	.098
愛着・所属感	−.156[+]	.121	−.023	−.090	.032
自我アイデンティティ	−	.183*	.378***	.536***	.156[+]

注：[+]$p<.10$；*$p<.05$；**$p<.01$；***$p<.001$

第7章　異文化適応における民族アイデンティティの役割モデルの検討　155

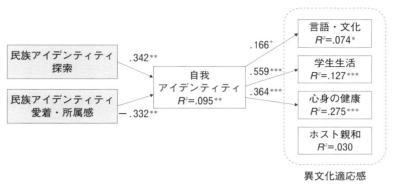

***$p<.001$, **$p<.01$, *$p<.05$, ⁺$p<.10$
注：R^2＝累積説明率

Figure 7-2　パス解析結果

また，民族アイデンティティから，異文化適応感に対して直接の有意な関与は明らかにならなかった。よって，民族アイデンティティは自我アイデンティティを媒介にして異文化適応感に関与しているモデルが妥当といえる。有意水準10％未満のパス係数を残したパス図を Figure 7-2 に示す。

7.2.4　考察

分析7-1では，民族アイデンティティの役割モデルとして，日本人留学生を対象に，民族アイデンティティが異文化適応感をどのように支えているのかを明らかにした。

海外のマイノリティ青年を対象とした研究において，民族アイデンティティと心理的健康の指標は直接の関係が検討されているため，本研究では逐次モデルによって民族アイデンティティと異文化適応感の関係を分析した。相関の分析では，民族アイデンティティと異文化適応感の「言語・文化」領域や「ホスト親和」領域に正の相関が見られたが，パス解析では民族アイデンティティから異文化適応感の各領域に直接の関連は見られなかった。よって民族アイデンティティの役割を考えるとき，自我アイデンティティが媒介要

因になることが示唆される。よって分析7-1の仮説(1)「民族アイデンティティは自我アイデンティティを媒介要因として，異文化適応感を高める」は支持された。

本研究では集団アイデンティティの一側面として民族アイデンティティに注目しているが，集団アイデンティティ自体は様々な下位概念を持ち，最近では個人の「集団体験の総和」として家族から始まる発達段階が提案される概念である（橋本, 2008）。したがって，日本人留学生の集団アイデンティティがすなわち民族アイデンティティになるわけではないということは，研究6（分析6-2）でも示唆されている。自我アイデンティティはこうした複合的な心理社会的で主体的な実存感であり，本分析結果は，概念的な背景からも妥当であると思われる。

また，民族アイデンティティの構成要因の「探索」は自我アイデンティティや「異文化適応感」を高めるが，「愛着・所属感」は低める要因になることが分かった。したがって，仮説(2)「民族アイデンティティ『探索』が高いと，自我アイデンティティや異文化適応感は高いが，『愛着・所属感』が高いと自我アイデンティティや異文化適応感は低くなる」は支持された。

自我アイデンティティは異文化適応感領域の各領域に関与する要因であった。しかし「ホスト親和」への有意な関与は見られなかった。日本人留学生の「ホスト親和」の平均尺度得点が4点満点の3.6点（$SD=.54$）であり，他の要因の得点に比べると天井効果に近いものであったために，分散が少なく関係が検出できなかった可能性もある。今後さらに検討していく必要があるだろう。

7.3 研究7 分析7-2 民族アイデンティティ役割モデルの適合度の検証

7.3.1 問題と目的

分析7-1の結果から,第1章で提案した「民族アイデンティティの役割モデル」がある程度の妥当性を持っていることが明らかになってきた。よって本研究では,さらにこの役割モデルの妥当性を検証するために,分析7-2として共分散構造分析による適合度の検証を行う。モデルは,分析7-1と同じである(Figure 7-3-1)。なお,構成要因ごとにみると,これまでの研究から,「探索」が自我アイデンティティにプラスの役割を果たし,「愛着・所属感」はマイナスの要因になることが予測される。

仮説7-2

(1) 民族アイデンティティは自我アイデンティティを媒介にして異文化適応感を高める。
(2) 民族アイデンティティ「探索」が高いと,自我アイデンティティは高いが,「愛着・所属感」が高いと,自我アイデンティティが低くなる。

Figure 7-3-1 民族アイデンティティ役割モデル

7.3.2 方法

調査対象者　北米に留学中の日本人留学生122名（男性59名，女性63名）である。彼らの詳しい属性は Table 2-1（B群）に示している。

調査時期・調査方法は分析7-1と同じである。

7.3.3 結果

仮説モデルの適合度の分析をした結果，適合度指標は AGFI＝.934，CFI＝.998，RMSEA＝.019であった。よって，このモデルのデータとの適合度は良いことが分かり，日本人留学生の民族アイデンティティが，自我アイデンティティを媒介に，異文化適応感に関与している仮説モデルは支持された。Figure 7-3-2に，標準化推定値の結果を示す。民族アイデンティティ「探索」と「愛着・所属感」による自我アイデンティティの標準偏回帰係数の値（「探索」$\beta = .342$／「愛着・所属感」$\beta = -.332$）から，要因間の関係は仮説7-3を支持するものであることが明らかになった。また自我アイデンティティの異文化適応感領域に対する標準偏回帰係数の値からは，相対的に自我アイデンティティは「学生生活」（$\beta = .378$）と「心身の健康」（$\beta = .536$）をより高く説明していることが示された。

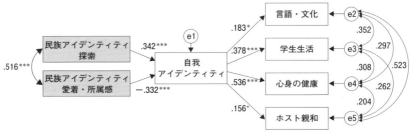

***$p < .001$，*$p < .05$，+$p < .10$
GFI＝.981，AGFI＝.934，RMSEA＝.019
注：誤差間の相関はすべて $p < .001$

Figure 7-3-2　民族アイデンティティ役割モデル分析結果

7.3.4 考察

分析7-2では，民族アイデンティティが自我アイデンティティを媒介に，異文化適応感に関与しているというモデルの妥当性が示された。また，民族アイデンティティ「探索」がプラスの要因として自我アイデンティティに関与し，逆に「愛着・所属感」はマイナスの要因になっていることは本分析も同じであった。よって仮説7-2は2つとも支持された。

分析から明らかになった民族アイデンティティの役割を，異文化における心理的サポートにつなげていくとすれば，まず異文化では自分の民族性のより深い理解を示す「探索」の側面を援助することが有効であると言える。民族アイデンティティ「愛着・探索」の防衛的役割を果たす特徴は重要なのだが，自我アイデンティティの揺らぎ，もしくは異文化不適応の指標になる可能性があるだろう。特に，明らかに自民族への肯定感ばかりが強くなっている場合は，自我アイデンティティが不安定になっていたり，滞在先での生活の中で適応感が低くなっている可能性を考慮する必要があると思われる。

7.4 研究7 分析7-3 国内学生との比較による民族アイデンティティ役割モデルの検討

7.4.1 問題と目的

分析7-2では，日本人留学生を対象に，異文化における民族アイデンティティの役割モデルが検討された。そこで分析7-3では国内学生群との比較を行い，さらにこの役割モデルの妥当性を検討したい。

なお，異文化適応感については，国内学生でも同様に調査できる要因「心身の健康」と「学生生活」の領域を用いて，日本人留学生と国内学生と共通の適応感の指標とした。

160　第2部　仮説に対する実証研究

Figure 7-4-1　仮説モデル概略図

　はじめに，本分析では国内学生と比較を行うため，分析7-1と同様に，自我アイデンティティを加えた場合を検討するパスモデルを作成した（Figure 7-4-1）。民族アイデンティティ「探索」と「愛着・所属感」を第1段階に置き，次に自我アイデンティティ，最終的な従属変数として「心身の健康」と「学生生活」による適応感を設定した。そして，この結果をもとに，日本人留学生と国内学生ごとの適合度を，それぞれ共分散構造分析によって検討する。

　検討するのは以下の2点である。まず，これまでに明らかになった「民族アイデンティティ役割モデル」が国内外でも共通の構造を持つものなのかを明らかにすることである。また分析6-1では，日本人留学生と国内学生において，民族アイデンティティの構成要因に異なる働きがあると示された。よって両群の違いを明らかにし，異文化環境における民族アイデンティティの役割をさらに明らかにしたいと考える。本研究の仮説は以下のようになる。

仮説7-3
(1)民族アイデンティティ役割モデルは，異文化環境においても国内環境においても共通の構造を持つ。
(2)日本人留学生と国内学生では，要因間の関係のあり方は異なっている。

7.3.2　方法

調査対象者　(1)北米に留学中の日本人留学生123名（男性59名；女性63名）である。彼らの詳しい属性は Table 2-1（B群）に示している。(2)関東圏の大学

に通う国内大学生112名（男性75名，女性35名：欠損2／平均年齢20.4（$SD=1.29$））となっている。

調査時期　(1)日本人留学生は2006年10月〜2007年6月と2008年1月〜4月に，それぞれ調査を実施した。(2)国内学生は2006年10月に調査を実施した。

調査方法　(1)日本人留学生は，合計21の学生団体・留学生ネットワーク[2]，及び個人に調査を依頼し，E-mailもしくは郵送にて調査用紙を配布し回収した。E-mailを使用する際は匿名性に配慮し，追調査への協力もしくはフィードバックの希望がある場合を除いてアドレスを即時削除することを伝えた。(2)国内学生は，関東圏の大学において授業後に質問紙を配布し回収，もしくは後日郵送にて個別に回収した。

質問紙の内容

①**民族アイデンティティ尺度**　研究3で妥当性が検証された8項目（4件法）を用いる。

②**自我アイデンティティ尺度**　谷（2001）によって開発された"多次元自我同一性尺度"（20項目：7件法）を用いる。

③**異文化適応感尺度**　研究1で作成した尺度（19項目：4件法）の因子のうち，「心身の健康（5項目）」と「学生生活（6項目）」を用いる。なお「心身健康」のうち，"留学生活は不安になることが多い"を国内学生では"学生生活は不安になることが多い"に書き換えている。また，"最近ホームシックである"は国内学生においても約3割（28.6％）が親元を離れた生活であることと，国内学生における項目の平均得点と標準偏差（$M=3.5；SD=.78$）から顕著な偏りが見られないことが確認されたために，そのまま採用している。こ

---

[2] 依頼組織　Japanese Student Association（ミズーリ・コロンビア大学，スタンフォード大学，サンフランシスコ州立大学，オレゴン大学，カリフォルニア州立大学Long beach校，カリフォルニア州立大学Irvine校，コーネル大学，マサチューセッツ工科大学，アリゾナ州立大学，コロラド州立大学，ハーバード大学，ネバダ大学，カンザス州立大学，オクラホマ州立大学，カンザス大学，ブランダイス大学，デンバー大学），Japanese Student Network，ピッツバーグML，未来へ.com

の2要因における信頼性係数（日本人留学生／国内学生）は「心身の健康」（$\alpha = .790/\alpha = .760$），「学生生活」（$\alpha = .863/\alpha = .844$）である。

(4)**属性を尋ねるフェイスシート**　性別，学籍，専攻，年齢，滞在期間など

7.3.3　結果

(1)**属性による各要因の検討**　はじめに，国内学生の性別によって民族アイデンティティ「探索」，「愛着・所属感」，自我アイデンティティ，適応領域「心身の健康」，「学生生活」に差が見られるか検討した。結果，全ての要因において有意な差は検出されなかった。また年齢について，各要因との相関を分析したところ，民族アイデンティティ「探索」にのみ，年齢と有意な正の相関が見られた（$r = .227, p < .05$）。

　日本人留学生についても，性別と学籍については一元配置の分散分析を行ったが有意な差は検出されなかった。年齢と滞在期間について各要因との相関を分析したところ，「自我アイデンティティ」と年齢に有意な正の相関があった（$r = .229, p < .05$）。いずれの群も，大きな違いはみられていないため，両群ともに属性については包括的に以後の分析を行うこととした。

(2)**各要因の関係**　日本人留学生と国内学生について，各要因にどのような関連が見られるか明らかにするために，まず相関の分析を行う。はじめに全体の相関を分析したところ，民族アイデンティティ「探索」，「愛着・所属感」ともに自我アイデンティティと適応感の2要因に有意な正の相関があり，自我アイデンティティも同様に適応感の2要因に正の相関が見られた。(Table 7-4-1)。

　次に，群ごとに相関の分析を行った。日本人留学生がTable 7-4-2，国内学生はTable 7-4-3に示した。日本人留学生においては，民族アイデンティティ「探索」と自我アイデンティティに10％水準の有意な正の相関が明らかになったが，それ以外の要因とは有意な相関は見られなかった。また民族アイデンティティ「愛着」も同様であった。自我アイデンティティについては，

Table 7-4-1　全対象者による要因間の相関

	自我アイデンティティ	適応感	
		心身の健康	学生生活
民族アイデンティティ			
探索	.305***	.127+	.263***
愛着・所属感	.184**	.104	.139*
自我アイデンティティ	—	.596***	.559***
適応感			
心身の健康	—	—	.513***
学生生活	—	—	—

注：+ $p<.10$；* $p<.05$, ** $p<.01$, *** $p<.001$

Table 7-4-2　日本人留学生による要因間の相関

	自我アイデンティティ	適応感	
		心身の健康	学生生活
民族アイデンティティ			
探索	.170+	.026	.136
愛着・所属感	−.156+	−.090	−.023
自我アイデンティティ	—	.536***	.378***
適応感			
心身の健康	—	—	.443***
学生生活	—	—	—

注：+ $p<.10$；*** $p<.001$

Table 7-4-3　国内学生による要因間の相関

	自我アイデンティティ	適応感	
		心身の健康	学生生活
民族アイデンティティ			
探索	.139	−.003	−.060
愛着・所属感	.402***	.225*	.186*
自我アイデンティティ	—	.582***	.539***
適応感			
心身の健康	—	—	.486***
学生生活	—	—	—

注：* $p<.05$；*** $p<.001$

「心身の健康」および「学生生活」に有意な正の相関が明らかになっている。

国内学生については，日本人学生と異なり民族アイデンティティ「探索」と他の要因に有意な相関が見られず，民族アイデンティティ「愛着・所属感」は自我アイデンティティ及び適応感の「心身の健康」，「学生生活」両要因との間に有意な正の相関が明らかになった。いずれの群も，対象者全体でみた相関の結果とは異なっており，異文化か国内かという環境要因の影響が考えられる。

(2)**パス解析による検討**　次に，日本人留学生と国内学生ごとにパス解析による仮説モデルの検証を行う。

はじめに日本人留学生によるパス解析を行った。民族アイデンティティ「探索」からは自我アイデンティティに有意な正の関与（$\beta = .342, p < .01$），「愛着・所属感」からは，有意な負の関与が見られた（$\beta = -.332, p < .01$）。また自我アイデンティティからは「心身の健康」（$\beta = .559, p < .001$）および「学生生活」（$\beta = .364, p < .001$）に有意な正の関与が明らかになった。要因間の関係については研究7-1で明らかになったように，民族アイデンティティの2要因から適応感の2要因への直接の関与は見られなかった。5％以下で有意なパスを残した図はFigure 7-4-2に示す。

次に，国内学生においてパス解析を実施したところ，民族アイデンティ

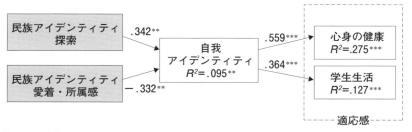

$***p < .001, **p < .01$
注：$R^2 =$ 累積説明率

Figure 7-4-2　日本人留学生のパス解析結果

ィ「探索」からは自我アイデンティティに対して有意な関与は見られず,民族アイデンティティ「愛着」のみが有意な正の関与を示していた($\beta = .424$, $p < .001$)。自我アイデンティティは日本人留学生と同様に「心身の健康」($\beta = .571$, $p < .001$)及び「学生生活」($\beta = .537$, $p < .001$)に有意な正の関与が見られた。

また要因間の関係については,国内学生でも,民族アイデンティティの2要因から適応感への直接の関与は明らかにならず,自我アイデンティティが媒介変数になるのは日本人留学生と同様であった。5%水準で有意なパスを残した図を Figure 7-4-3 に示す。

(3) **モデルの構造の妥当性**　先のパス解析による検証では,日本人留学生,国内学生ともに民族アイデンティティから適応感に直接の関連が見られず,自我アイデンティティが媒介要因になる関係は両群に共通していることが示唆され,民族アイデンティティの役割モデルの構造は,異文化環境,国内環境を問わず共通であることが推察できる。

次に,共分散構造分析による多母集団パス解析による検定(豊田, 2007)によって,両群におけるモデルの構造の適合度を検討する。検証するモデルは,先の結果を踏まえて民族アイデンティティから適応感「心身の健康」,「学生生活」に対する直接のパスを含まないモデルである。

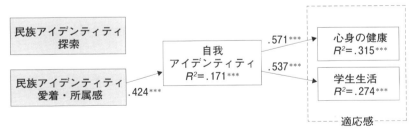

***$p < .001$
注:$R^2 =$ 累積説明率

Figure 7-4-3　国内学生のパス解析結果

166　第2部　仮説に対する実証研究

　日本人留学生，国内学生の各群の配置不変性の確認を行った。標準化推定値を示した結果をFigure 7-4-4に示す。適合度指標を確認すると，日本人留学生はGFI=.992，AGFI=.970，RMSEA=.001であり，モデルの適合は良好であった。また国内学生はGFI=.988，AGFI=.954，RMSEA=.001であり，こちらもモデルの適合度は良好であった。標準化推定値を示した結果をFigure 7-4-5に示す。

　以上の結果から，このモデルが示す要因間の構造は，異文化環境および国内環境の日本人青年に共通して適合がよく，配置不変が成り立つ可能性が高いと言える。

(4)**要因間の関係の違い**　次に，モデルにおける両群の差異を検討する。先に検討した仮説モデルに描かれたパスが全て，両群では等しいことを仮定した等値制約を行う「制約あり」モデルと，このような制約しないモデル「制約なし」モデルを比較した。

　結果，「制約あり」モデルの結果は，GFI=.934，AGFI=.875，RMSEA

GFI=.992，AGFI=.970，RMSEA=.001
注：標準化推定値，相関係数の有意確率はすべて$p<.001$

Figure 7-4-4　日本人留学生の分析結果

GFI=.988，AGFI=.954，RMSEA=.001
注：標準化推定値，相関係数の有意確率は民族アイデンティティ「探索」を除き，全て$p<.001$

Figure 7-4-5　国内学生の分析結果

= .092であった。一方,「制約なし」モデルの結果は GFI＝.973, AGFI＝.910, RMSEA＝.058であった。さらに,モデルを比較する際に用いる指標 AIC は,「制約あり」モデルだと75.433,「制約なし」モデルだと57.893になっており,値が小さい「制約なし」モデルのほうが相対的に適合がよいことが明らかになった。

先の妥当性の検証によって,この役割モデルで示される要因間の関係の構造は国内外の青年に共に適用できるが,関係の質の違いは考慮すべきであると分かった。

7.4.4 考察

以上の分析から,民族アイデンティティが自我アイデンティティを媒介に,異文化適応感に関わっていくという役割モデルは,異文化環境の日本人青年でも国内の青年でも同じように妥当であることが示された。分析7-3の仮説(1)「民族アイデンティティ役割モデルは,異文化環境においても国内環境においても共通の構造を持つ」は支持された。このモデルについて,異文化環境かそうでないかを問わず普遍的なモデルとして提案できる可能性があるだろう。

また,異文化環境と国内の環境では要因間の関係のあり方は異なっており,仮説(2)「日本人留学生と国内学生では,要因間の関係のあり方が異なる」も支持された。国内学生では民族アイデンティティ「探索」から自我アイデンティティに対する標準化推定値が $\beta = .02$ であり有意ではない。また,日本人留学生と国内学生の民族アイデンティティ「愛着・所属感」のパス係数の符号が異なっている。これらの違いが,両群異質性を導いたのだと思われる。

民族アイデンティティの構成要因が国内外で異なる働きを持つ可能性については,研究6の分析6-1でも検討されたが,異文化で自分の民族性を肯定的に捉えることは,やはり国内の場合とは異なった働きをすることが示されたといえよう。

168　第2部　仮説に対する実証研究

　民族アイデンティティ「探索」は自分の民族性について検討し，より深く理解しようとする志向を表している。これは異文化においては，自分のバックボーンを民族性を起点にして明確にしていこうとする試みである。国内では自我アイデンティティに有意な関与を見せていないため，特に異文化環境において，心理社会的な自分らしさの感覚である自我アイデンティティを支え，さらにそれを媒介として，外的な要因である異文化適応感を高める役割を持つと考えられる。

　民族アイデンティティ「愛着・所属感」も国内と異文化環境では異なる働きがあった。国内では自我アイデンティティにポジティブな関与を示した。おそらく自分の属性の一つである民族性への肯定感は，そのまま自分の心理社会的な実存感を高め，それを媒介に適応感に関わっていく要因になるのだろう。異文化環境では自我アイデンティティにネガティブな関与を示した。分析6-2では「愛着・所属感」が異文化での防衛的な働きを反映していることが示唆された。異文化環境における自分の民族性への肯定感は，自我アイデンティティが低くなる場合に防衛的に働いていることが推察でき，こうした結果を導いたと思われる。

7.5　全体的考察

　本研究では民族アイデンティティと異文化適応感の関係を明らかにするために，自我アイデンティティのあり方を含んだ「民族アイデンティティ役割モデル」について検討した。

　個人のアイデンティティを検討する際に，本論文では集団アイデンティティと自我アイデンティティの関係を理論的な枠組みとして用いている。役割モデルの検討によって，民族アイデンティティと他の要因の中に自我アイデンティティの要因が加わった場合，民族アイデンティティは直接関与するのではなく，自我アイデンティティを媒介に，他の要因に関与するようになる

ことが示唆された。こうした要因間の関係の構造については，本研究の分析7-3によって日本人留学生，国内学生に共通していることが示されたため，環境の違いを問わずある程度の妥当性が示唆される。

また民族アイデンティティを「探索」と「愛着・所属感」の2つの構成要因ごとに役割を検討したが，分析の結果，それぞれの構成要因はやはり異なる役割を持っていた。特に日本人留学生の場合，民族アイデンティティ「探索」は自我アイデンティティを高め，そして自我アイデンティティを媒介に異文化適応感を高める要因であった。だが「愛着・所属感」は逆に自我アイデンティティを低め，異文化適応感に対してもマイナスの要因になることが分かった。

研究7結果をFigure 7-5に図示した。研究6の分析6-2では，「愛着・所属感」の要因が異文化で民族性を肯定的に意識する際の防衛的な側面を反映している可能性が示唆された。こうした性質が，自我アイデンティティや異文化適応感との関係の仕方に影響していると思われる。防衛的な役割を果たしているならば，異文化で自分の民族性に対して肯定的な認識をもつことは，集団アイデンティティの凝集性を高めるために必要な働きを持つのではないだろうか。今後さらに検討していく必要があるといえよう。

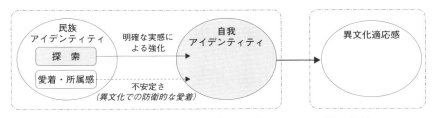

Figure 7-5　日本人留学生の民族アイデンティティが持つ役割

第8章　総括的討論

8.1　3つの仮説に対する本研究からの回答

　本研究では日本人留学生を対象に，異文化での心理的サポートに有効な要因を明らかにするためアイデンティティの問題に焦点を当てて研究を進めてきた。
　概念については，Erikson（1959, 1963, 1964, 1968）の理論を再考し，文化的な価値観など，個人が所属する集団が個人の経験を組織化する枠組みを内包する集団アイデンティティと，社会的な存在としての自分の主体的な実存感からなる自我アイデンティティの相互補完的な関係に着目した。そしてこの関係を理論的な基盤として，先行研究の知見から異文化における民族アイデンティティの役割に注目した。
　第1章では仮説1として「集団アイデンティティの一側面である民族アイデンティティは，異文化において国内にいる時より顕在化するようになる」，仮説2として「民族アイデンティティは異文化において自我アイデンティティを高める役割を持つ」，仮説3として「民族アイデンティティは異文化において，自我アイデンティティと共に『異文化適応感』を高める役割を持つ」，という仮説を設定した。本章では，研究で明らかになったことをまとめながら，これらの3つの問いに対する答えをまとめる。

8.1.1　仮説1：異文化において民族アイデンティティは顕在化するのか

　日本人留学生は，異文化において文化的・民族的なマジョリティからマイノリティへと属性の移行を体験する。複数の民族・文化圏で生活する際に重

要な集団アイデンティティとして，民族アイデンティティが研究されており，マイノリティ青年にとって民族アイデンティティが重要な領域であることが明らかになっている。よって本研究が対象とする日本人留学生も，異文化で民族アイデンティティが顕在化し，自分の経験を組織化させる機能を内包した集団の感覚，つまり集団アイデンティティの一側面としての役割を果たすようになるのではないかと考えた。

　研究2では，異文化適応感の関連要因の1つとして民族アイデンティティを検討したが，「滞在国の対人スキル獲得」には正の関与を示し，異文化適応感の「心身の健康」と「学生生活」の領域に負の関与が見られた。マイノリティ青年を対象とする先行研究では民族アイデンティティが心理的健康や適応感を予測する要因であることが分かっているが，日本人留学生においては必ずしもそうならない可能性が示唆された。よって彼らの民族アイデンティティのあり方について，さらに検討することが必要であると思われた。

　研究3では，民族アイデンティティ尺度は日本人青年を対象とした場合でも，先行研究（Roberts et al., 1999）と同じように「探索」と「愛着・所属感」の2つの下位因子を持つことが分かった。心理的サポートのより具体的な提案をするため，以後の研究では，この2つの構成要因について検討していくこととした。

　本研究の一つ目の問い「民族アイデンティティは異文化で顕在化するのか」については，研究4と研究5で検討した。ここでは民族アイデンティティの顕在化を，民族性の捉え方と，集団アイデンティティとして個人の経験を組織化する働きがあるのかという点から明らかにした。研究4では国内の学生との比較を行い，日本人留学生の方が民族アイデンティティの構成要因「探索」，「愛着・所属感」の得点が高いことが明らかになった。また研究5の分析5-1からは留学経験を経て，自分の民族性をより自覚的に捉えるようになること，及び民族アイデンティティの発達がみられ「民族アイデンティティモラトリアム・ステイタス」に分類されるものが最も多くなることが

示された。

　研究5の分析5-2では，民族アイデンティティが集団アイデンティティとして働くようになるのかインタビューのプロトコルを分析した。結果，民族性が価値観，行動，思考などに影響していることが確認できたため，民族アイデンティティが集団アイデンティティの一側面として顕在化していることが示された。特に民族アイデンティティ・ステイタスのうち，民族アイデンティティを探索する経験をしている「民族アイデンティティモラトリアム・ステイタス」で顕著であったことから，自分の民族性に対する探索経験を持つことは，異文化で機能する民族アイデンティティ顕在化の鍵になることが示唆された。また，研究4では「探索」「愛着・所属感」がともに国内学生よりも高かったこと，また研究5の分析5-1では留学後にモラトリアムステイタスに分類されるものが，対象となった学生のうち8割を占めていた事から，やはり異文化では民族アイデンティティが顕在化しやすいことが示唆された。

　以上の結果から，仮説(1)に対する本研究の答えは以下のようになる。
(1)異文化では自分の民族性をより明確に捉えるようになる。
(2)特に自分の民族性を探索する場合，自分の価値観，思考・行動の習慣に影響するものとして，民族アイデンティティが顕在化しやすくなる。

8.1.2　仮説2：民族アイデンティティは自我アイデンティティを支えるのか

　異文化環境では民族アイデンティティが顕在化しやすいことが明らかになったことから，本研究の二つ目の問い「民族アイデンティティは自我アイデンティティを支えるのか」について，研究6（分析6-1と6-2）で検討した。

　分析6-1では，日本人留学生における民族アイデンティティと自我アイデンティティの関係を，国内学生のそれと比較することで，異文化において民族アイデンティティが自我アイデンティティに果たす役割について検討した。結果，日本人留学生の民族アイデンティティは国内学生と異なる特徴が

みられた。彼らの特徴としては，「探索」が自我アイデンティティを支えるのに対し，「愛着・所属感」は負の要因になることが示された。

民族性に対する愛着や所属感が示す自分の属性への肯定的な認識が，なぜ自我アイデンティティの負の要因になるのだろうか。この点を検討するために分析6-2ではインタビューデータを質的に分析した。

結果，差別やコンプレックスなど異文化におけるネガティブなマイノリティ体験の自己への影響を減ずるものとして，自らの民族性への肯定感が強く意識されていることが分かり，異文化での自己の揺らぎを防衛することが明らかになった。この防衛的な働きについては，自我の調整機能に焦点を当てた分析6-2でも示された。異文化で自分の民族性を意識し，愛着を持つことには，異文化における自己の揺らぎを収める機能があると推察される。

つまり民族アイデンティティ「愛着・所属感」の得点には，単に民族性を自覚し肯定的に認識することだけでなく，内的な安定を保つための防衛的な側面が反映されていると考えられる。分析6-1で，民族アイデンティティ「愛着・所属感」と自我アイデンティティの負の関係が示されたのは，そのためだろう。文化移行を通じて集団アイデンティティが揺らぐとき，おそらく自我アイデンティティも揺らぐ。その際に自らの民族性が一つの受け皿として自我アイデンティティをできるだけ明確に保ち，また補う可能性がプロトコル分析から明らかにされた。

一方，民族アイデンティティ「愛着・所属感」が高く，自我アイデンティティも高い群では，民族性の特徴が，異文化での自己の独自性を引き立て，自我アイデンティティをより確かなものにするように取り入れられていた。この分析からは，異文化で自分の民族性を明確に意識し愛着を持つことが，自分らしさを明確にするという，探索と同じような相乗効果的な役割が反映されていることが明らかになった。

以上の結果から，仮説(2)に対する本研究の答えは以下のようになる。

(1)民族アイデンティティ「探索」は異文化で自分らしさの基盤を作り，現地社会での主体的な実存感である自我アイデンティティを高める。異文化で自分の民族性を理解しようと，関心を持ち他者と関わり自ら学ぼうとすることは，自分らしさを明確にする。
(2)民族アイデンティティ「愛着・所属感」は異文化接触の影響によって揺らいだ自己を防御するために，自らの出自の意識を高め愛着を持とうとする働きをする。

8.1.3 仮説3：民族アイデンティティは異文化適応を支えるのか

そして本研究の3つ目の問い「民族アイデンティティは異文化適応を支えるのか」を明らかにするために，研究7において第1章で作成した「民族アイデンティティ役割モデル」を検討した。このモデルは，民族アイデンティティと異文化適応感の間に自我アイデンティティの要因を加えており，自我アイデンティティが媒介要因として働くことを示している。

はじめに分析7-1では，役割モデルについて，先行研究と同様の民族アイデンティティから異文化適応感の間にも直接的なパスを仮定する逐次モデルを用いて検討した。結果，民族アイデンティティは異文化適応感の各領域に直接的には関与せず，自我アイデンティティを媒介として異文化適応感に間接的に働いていることが明らかになった。このモデルの妥当性をさらに明らかにするため，分析7-2では共分散構造分析による適合度の検討をおこなった。結果，「民族アイデンティティ役割モデル」とデータとの当てはまりは良いことが分かった。

さらに，共通の適応感領域を用いて，日本人留学生と国内学生と比較した。結果，民族アイデンティティと適応感の間で自我アイデンティティが媒介となる関係は国内学生でも同様であり，この役割モデルの普遍性が示唆された。

しかし次の等値制約を設定した分析から，異文化環境と国内環境の日本人青年は異なる母集団であることが示された。民族アイデンティティの構成要

因のうち「探索」が，自我アイデンティティと適応感に有効な予測因となり，「愛着・所属感」が負の予測因になるのは，異文化環境での特徴であると考えられる。MEIM（民族アイデンティティ尺度；Phinney, 1992）を用いた研究では尺度が1つの要因として扱われることが多かったが，これまでみてきたように，構成要因ごとの分析を行うことで，民族アイデンティティのどの側面がどのように適応感を予測するのかを明らかにすることができると思われる。

民族アイデンティティが集団アイデンティティの一側面になるためには，民族性を探索していることが重要になると分かった（研究5：分析5-2）。またその探索は異文化で自分の出自を確かなものとし，自我アイデンティティを高める働きも持っていた（研究6：分析6-1）。そして研究7の結果から，自我アイデンティティを媒介にして異文化適応感を支える要因になることが示された。

日本人留学生の民族アイデンティティ「愛着・所属感」は「探索」と正の相関を持ちながら，単独の働きとしては自我アイデンティティの負の予測因であった。マイナスのこうした関係が示された理由には，研究6の分析6-2の結果から示されるように，もともと持っていた日本人としてのコンプレックスや，異文化環境におけるネガティブなマイノリティ体験による自己の揺らぎに対する防衛的な側面が反映されていると思われる。異文化環境で自民族への肯定感ばかりが目立つ場合には，内面の不安定さや適応感の低さを反映している可能性がある。心理的サポートの中で適切に働きかけていくことが求められる。また，こうした民族アイデンティティ「愛着・所属感」の働きは，国内学生のそれとは逆であり，今後異文化で民族性を肯定的に意識するときの心理的なメカニズムをさらに検討していくことが重要であろう。

こうした結果から，仮説(3)に対する本研究の答えは以下のようになる。

(1) 民族アイデンティティは，自我アイデンティティを媒介として，異文化適応感に働く要因である。
(2) 異文化環境での特徴的な働きとして，民族アイデンティティ「探索」は，自我アイデンティティ及び異文化適応感の安定を支えるが，民族アイデンティティ「愛着・所属感」はこれらの要因の不安定さと関係するだろう。

8.1.4 異文化環境における「アイデンティティ」のあり方

　本論文では，集団アイデンティティと自我アイデンティティの関係を異文化での内的適応を考える際の枠組みに用いた。1章では集団アイデンティティを「自分の経験を組織化（e.g., 意味づけ・価値付け）する機能を内包した，様々な社会集団に支えられる実感」，自我アイデンティティを「斉一性・連続性を持った自分が社会の中に適応的に存在しているという主体的な実存感」とし，これらを一般に心理学で用いられる包括的なアイデンティティ概念（人格的アイデンティティ；personal identity, Erikson, 1959）を構成するサブシステムと定義した。

　第1章で提案した本研究の3つの問いへの答えを整理したが，明らかになったデータをもとに，日本人留学生の異文化における「アイデンティティ」のあり方についての考察をまとめておきたい。

　異文化への移行から，それまで意識化されることのなかった集団所属感として民族性に焦点が当たりはじめ（研究4，研究5），滞在先での自分の思考や価値観，行動のバックボーンに当たるものとして，特に自他の不一致や異文化環境での違和感を生じるような場面で明確に意識されるようになる（研究6の分析6-2）。このような働きは，自分の属する社会集団が持っている「自分の経験を組織化させる機能」を示しており，民族アイデンティティが集団アイデンティティの一側面として働き始めることが推察される。

　そして，民族アイデンティティは自我アイデンティティに関与するようになる（研究6の分析6-1）。構成要因ごとに見ると，自分の民族性をよりよく

理解しようとする「探索」の側面は，自我アイデンティティを明確にする働きがあることが分かり，自我アイデンティティを媒介要因として，異文化適応感にも関与していることが推察される。一方自民族への肯定的感情を示す「愛着・所属感」は，単独の働きとしては自我アイデンティティにマイナスの関与があった。「愛着・所属感」の側面には，もともと持っていた日本人としてのコンプレックスや，滞在国の文化・人々に対する劣等感，異文化環境における違和感などを防衛し，滞在先での心理的な基盤を作るため役割を持っているためであると思われる（研究6の分析6-2）。国内学生では，民族アイデンティティ「探索」は自我アイデンティティに関与せず，「愛着・所属感」のみが有効な要因であった。したがって，こうした働きは異文化環境での特徴だと考えられる。

　集団アイデンティティと自我アイデンティティの関係に視点を戻す。本論文では操作的に方向性を定めたが，本来両アイデンティティは相互補完性が前提とされており，異文化で顕在化し始めた民族アイデンティティは，自我アイデンティティを支えるものとして，また自我アイデンティティが民族アイデンティティを支えるものとして，異文化における包括的な自己の「アイデンティティ」のサブシステムとして働いていくことが考えられよう。

　さらに，研究5の分析5-2で明らかになったように，異文化環境において必ずしも自らの民族性に焦点が当たり，それを探索し始めるわけではない。留学先で自分が所属する集団としては，他に「留学生」であることへの所属感や，身近な仲間集団への所属感が確認されている。滞在経験が長くなれば他にも生活環境に身近な社会集団が，集団アイデンティティの一側面として，より影響力を持つようになる可能性もあるといえよう。以上の考察を図示したものがFigure 8-1である。

　以降の節では，一連の研究から明らかになったことについて，心理的サポートの点からまとめる。

第 8 章 総括的討論 179

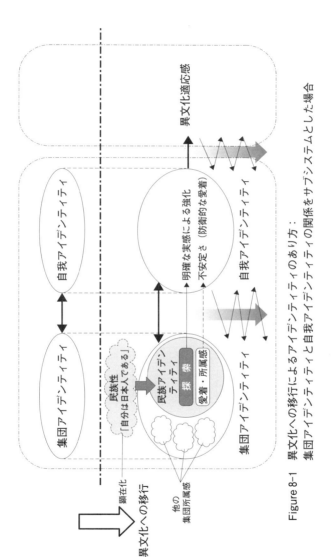

Figure 8-1 異文化への移行によるアイデンティティのあり方：
集団アイデンティティと自我アイデンティティの関係をサブシステムとした場合

8.2 異文化における心理的サポートへの提言

本研究の結果から，日本人留学生の「アイデンティティ」の問題に関する支援について考察する。ただし本研究の調査で明らかになったことは基礎的な側面であり，支援の方向性を示すために十分ではない。よって提案は慎重にしなければならないが，自我アイデンティティは心理的健康の指標になることが明らかな要因である。また集団アイデンティティの修正によって自我アイデンティティの探索が始まる治療モデルが提案されていることもあり(橋本,西川,河野,1999)，本研究の知見が実践における手がかりになる可能性を考えておく必要があると思われる。

8.2.1 民族性を探索することの役割

本研究の問題提起の際に，集団アイデンティティと自我アイデンティティの関係から，異文化では集団アイデンティティが揺らぐ可能性があることを述べた。この揺らぎは安定した自我アイデンティティの維持を困難にする可能性がある (e.g., 「根こぎ感」; Erikson (1964))。しかし一方で，民族アイデンティティが新たに集団アイデンティティの一側面として機能し始めるならば，自我アイデンティティを高める働きを持つ可能性があると思われた。

結果，自我アイデンティティをより明確なものにするためには，民族アイデンティティの構成要因である「探索」の側面が重要であることが明らかになった。異文化で自分の民族性をより深く理解しようとすることが，滞在国での社会的な立場や思考や行動の仕方，外見上の特徴など，様々な面で自分のバックボーンを明確にする働きを持っており，相乗効果的に実存的な自我アイデンティティの感覚を浮き彫りにしてゆくのだろう。すなわち民族性の探索プロセスは，異文化接触によって一度揺らいだ集団アイデンティティを，民族性を中心に再度確かなものにしていく過程なのだと思われる。そして，

第8章　総括的討論　181

探索経験は民族アイデンティティが顕在化させるために役立つだけでなく（研究5），滞在先での集団アイデンティティの一側面として，自我アイデンティティ，さらに自我アイデンティティを媒介とした異文化適応感を高める役割を持っていた（研究7）。

　青年期のアイデンティティ発達において，集団アイデンティティは重要な役割を果たしている（Erikson, 1964）。第1章では，留学生群に不適応が多い（稲村，1980）のは，彼らの多くが青年期に該当し，発達課題としてアイデンティティの問い直しを行っているために内的な揺らぎが起きやすい時期であること，及び異文化接触によって集団アイデンティティが揺らぐことの重複的リスクがあるためではないかと推察した。

　栗原（2004）は異文化接触の中で自分が本来の自分ではないようなアイデンティティの揺らぎを経験している青年に対しては，青年期の発達課題を念頭に介入すべきであると述べている。Grotevant（1987）は，アイデンティティ発達プロセスの中で，自分が重視する問題についての探索が重要であると指摘するが，本研究が提案する民族アイデンティティ役割モデルからも，異文化で自我アイデンティティの問題が焦点化された場合，留学生の心理的発達の支援のためにも民族アイデンティティ「探索」の役割が重要であると言える。

　つまり，心理面接などのサポート場面の中で，新たな環境で今まで自分が属していた社会との差異や類似点を体験し，双方を総合的に吟味し，自分の価値や体験を組織化する枠組みを模索するプロセスを積極的にサポートすることは有意義な援助の一つになるだろう。

　自分の民族性の様々な特徴を理解することは，滞在先での社会的な立場が明確になり，自分の独自性という足場を構成するのを助ける。そしてそのような探索経験によってはっきりと形を持つようになった新たな集団アイデンティティの一側面，すなわち民族アイデンティティを手掛かりに，心理社会的な実存感である自我アイデンティティが安定するのではないだろうか。そ

182　第8章　総括的討論

して，安定した自我アイデンティティは留学先での学生生活や，滞在国の人々と関わっていく際の心理的な足がかりを提供すると思われる。

8.2.2　民族性を肯定的に捉えることの役割

民族アイデンティティ「愛着・所属感」は「探索」と相互関係を持ちながら，単独の働きとしては自我アイデンティティの負の予測因であり，異文化適応感に対してもネガティブな働きをするものであることが示された。このような民族アイデンティティ「愛着・所属感」の働きは，国内の特徴とは逆になっており，「探索」の働きと同様に異文化に特有の心理的傾向といえよう。

研究6の分析6-2では，自分の民族性を肯定的に意識することが，滞在先での独自性を高め，それが自我アイデンティティを高めるような相乗効果的な働きをする場合と，異文化で揺らいでいる自己を保つための防衛的な働きをする場合の2側面あることが分かった。防衛的な働きはおそらく，井上 (1993) の提案した"共有された否認"における，マジョリティを否認することで自分の内的な安全感を守ろうとする働きと似た面がある。異文化におけるマイノリティ体験は，マジョリティから自分に向けられる視線から感じる自他の不一致感や，自己の不全感といった内面の揺らぎや葛藤を引き起こす可能性があるためだろう。

本研究のプロトコル分析（研究6の分析6-2）では，内的な秩序を調整しようとする自我の調整機能の面から検討し，自分の民族性を意識すること自体に異文化で感じる自他の不一致感やそれまで持っていた自己感の揺らぎを一旦収める防衛的な役割があることを見出した。つまりマジョリティとマイノリティとの葛藤場面で自分の民族性を意識するのは，単に「日本人である私」という事実の認識以上に，「私は日本人だから～なのだ」また「日本人は～だからこうなるのだ」というように，揺らぎや葛藤が生じる根拠として民族性を認識し，自らを落ち着かせ，納得させようとする側面がある。この

働きは自我の防衛機制として提案されている「合理化」, すなわち「事実の動機が自覚されていない態度, 行為, 思考, 感情などに, 主体が論理的に一貫性のある説明ないし道徳的に受容されうる説明を与えようとする過程」(Laplanch & Pontalis, 1977) の性質を持っていると推察できる。

本研究で検討してきた民族アイデンティティ「愛着・所属感」は「探索」よりもこの防衛的な働きを反映していることが推察されるため, 異文化において強くなっている場合は, 自我アイデンティティの揺らぎや異文化適応感の低さに注意しておく必要があるだろう。

ただし心理的サポートにおいては, 滞在国への適応において望ましくない排他性を伴っていたとしても, それが内的な機能として自己を安定させるための語りとして現れている限り, 個人の心理的安定のための役割として支持しておくことが有効であろう。民族アイデンティティ「愛着・所属感」と「探索」には相関が認められるため, 自分の民族性を肯定的に捉えることができれば, より深い探索行動に展開していける可能性が高い。

排他性やナショナリズムが, 自らの民族性への愛情や探究に結びつくことはあっても, 異文化への関心や理解が妨げられているのかどうかは別問題とし, 自我アイデンティティの不安定さのために民族性に対する愛着を高めねばならないような状況にあるならば, まずは自我アイデンティティを安定させ、いずれ滞在国における現実に向き合っていくためのエネルギーに変えていくようにサポートしていくことが大事になるだろう。

8.2.3 具体的な心理サポートの提案

予防的なアプローチ　留学前に民族性の探索行動を促すワークショップを実施することを提案できる。ワークショップが難しい場合は, 留学前に文化や歴史, 社会情勢などの知識として持っておくだけでも, 異文化で自分が持っているバックボーンの独自性や特徴を探求する助けになるだろう。こうした経験は異文化での民族アイデンティティの顕在化において, 自我アイデンテ

ィティの安定と適応感の下地をつくることにつながると思われる。

　また研究6の分析6-2からは，日本にコンプレックスを持っている場合であっても，現地で日本の良さを気付くことによって，内的な安定のための支えが得られていたことが分かった。よって，探索行動に至らなくても，日本の社会や日本文化が持っている良さを知り，肯定的に認識できる機会を作ることは予防的なアプローチとして有効だと思われる。また留学先でもこうしたサポートは有効だろう。

　ただし，民族アイデンティティ「愛着・所属感」は，滞在国との比較から過度に優劣を競ったり，排他性を導く場合がある。また研究2の予備調査では日本人学生にとって民族性は政治的なイデオロギーを感じさせるなどの理由から否定的に捉えられる可能性がみられた。よってワークショップの開催時には，自分の民族性を意識したり，愛着を持つ状況を学生たちがどのように自分の民族性を体験しているのか検討する機会を設け，相互理解をベースに，自らの民族性を体験できるように，主催者側が心得ておくことが重要になるだろう。

　例えば，留学先で開催するワークショップであれば，グループ・ワークのような形で，滞在国出身の学生や他の国の学生と関わったり，互いを認め合いながら，自らの民族性の探索を深めるようなものである。おそらく今でも多く試みられているものだが，本研究においても望ましい試みであるといえる。異文化交流会のような定期的なレクリエーションは，異なる民族集団の学生同士のコミュニティ形成の支援だけでなく，異文化で生活する青年の民族アイデンティティを安定させ，さらには自我アイデンティティを安定させる点で，有益なサポートになるだろう。

より危機介入的なアプローチ　異文化移行によって，「自分が自分ではないような気がする」，「自分が何者か分からなくなる」といったように，「根こぎ」の状態が引き起こされている場合には，自我アイデンティティの安定を促すアプローチとして，集団アイデンティティ，特に民族アイデンティティ

への働きかけが有効になるだろう。集団アイデンティティは様々な集団経験の複合体であるため，どの集団がもっとも重要になっているかを初めに確認する必要があるが，本研究で検討した民族アイデンティティは異文化環境で重要な要因になると思われる。揺らいでいることを語れる場を設け，この要因を含む心理状態の把握に努めることが有効になると思われる。

例えば心理臨床的な面接での介入として，異文化不適応や自己不一致などの葛藤状況を安定させるために「日本人であること」を明確化し，次にそこにどのような意味が見出せるのかを問うていくことは自我アイデンティティについて探求することにもつながり，青年期の留学生にとって大切な観点になるのではないだろうか。

2008年の国際集団精神療法・集団プロセス学会と国際力動精神療法学会の合同大会の開会公演[1]において，グローバルな世界の心理的安全空間はよりローカルな心理的安全空間にもとづくものでなくてはならないと，地域性を軽視したグローバル化の危険性が述べられた。本研究においても，海外で適応的に生活することは，自分らしさの基盤としての民族性というローカルなアイデンティティを明確にしようとする自我の機能が内的適応において重要になることを示しているといえよう。よって，予防的アプローチや危機介入における心理的サポートにおいて，民族アイデンティティをサポート要因として検討することは，今後も重要になると思われる。

8.3 今後の課題

本研究では，異文化における民族アイデンティティの役割について明らか

---

[1] Kotani, H. (2008)"An exploration fo psychodynamics of internal and external safe space（内的および外的安全空間の生成)" at Opening Lecture of 8th Pacific Rim Regional Congress of International Association for Group Psychotherapy and Group Process & 14th Conference of International Association of Dynamic Psychotherapy

にしてきた．最後に残された問題について述べ，今後の研究を展望する．

　第一に民族アイデンティティの役割モデルについて，妥当性をさらに検証する必要がある．本研究で提案した民族アイデンティティの働きは，日本人青年の異文化（及び複数文化圏）での心理メカニズムとして提案されたものである．本研究では，北米に滞在する日本人青年と，国内の日本人青年によって妥当性を検証した．しかし，さらに多くの対象に調査する必要がある．

　第二にこのモデルは，心理的サポート要因として民族アイデンティティを設定している．いわば操作的なモデルであるため，実際の心理サポート場面で支持されるものなのかといった介入研究が必要である．

　第三に民族アイデンティティ以外の集団アイデンティティについて検討することが必要である．集団アイデンティティは個人が生活する社会の様々な枠組みの集合体であるため，本研究で検討した民族アイデンティティが，日本人留学生にとって唯一の集団アイデンティティではない．研究5では，民族アイデンティティを重視しない例もあり，他の集団アイデンティティを模索し始めるケースも見られた．今後，他の集団アイデンティティについて具体的に明らかにすることや，時期によって変化するものなのかを明らかにする必要がある．

　最後に，個人差・環境差に着目した検討が必要である．本研究においては，日本人留学生の留学背景，滞在期間，生活環境などの個人要因についての検討は十分できなかった．異文化接触時のインパクトの個人差を捉えられるように，インタビュー調査か縦断調査がさらに求められよう．

引 用 文 献

阿部　祐．(2001)．多文化間メンタルヘルスの動向と実践．順天堂大学スポーツ健康科学研究，5，1-7．

Ann, H., 堀江　学, 近藤祐一, Kay, T, & 横田雅弘 (1997)．アメリカ留学生活体験ブック：東京：株式会社アルク．

Baker, R. (1981). *Freshmen's scale for adjustment research manuscript*. Clark: University. U.S.A.

Berry, J., Trimble, J., & Olmedo, E. (1986). Assessment of acculturation. In Lonner, W., & Berry, J. (Eds.), *Field methods in cross-cultural research* (pp. 291-324). Newbury Park, Ca: Sage

Berry, J. (1992). Acculturation and Adaptation in a New Society. *International Migration*, 30, 67-85.

Bochner, S. (1972). Problems in culture learning. In Bochner, S. & P. Wicks (Eds.), *Orveraseas students in Australia*. (pp. 65-81). New South Wales, Australia: New South Wales Australia University Press.

Bourhis, Y., Giles, H., & Tajfel, H. (1973). Language as a determinant of Welsh identity. *Europian Journal of Social Psychology*, 3, 447-460.

Chethik, M., Fleming, E., Mayer, F., & McCoy, N. (1967). A quest for identity: Treatment of disturbed Negro children in a predominantly white treatment center. *American Journal of Otherpsychiatry*, 37, 71-77.

Cross, W. (1971). The Negro-to-Black conversion experience: Towards a psychology of Black Liberation. *Black World*, 20, 13-27.

Cross, W. (1978). The Thomas and Cross models of psychological nigrescence: A literature review. *Journal of Black Psychology*, 4, 13-31.

Dizard, E. (1970). Black identity, social class, and black power. *Phychiatry*, 33, 195-207.

江畑敬介．(1982)．一日系移民分裂病者の発病過程と病状変遷―民族同一性の視点から―．季刊精神療法，8，53-60．

Erikson, E. H. (1959). *Identity and Lifecycle*. NewYork: W.W.Norton & Company, Inc.

Erikson, E. H. (1963). *Childhood and society* (*2nd ed.*). NewYork: W.W.Norton & Company, Inc.

Erikson, E. H. (1964). *Insight and responsibility*. NewYork: W.W.Norton & Company, Inc.

Erikson, E. H. (1968). *Identity: Youth and Crisis*. NewYork: W.W.Norton & Company, Inc.

Fontaine, G. (1986). Roles of social support systems in oversea relocation: Implication for intercultural training. *International Journal of Intercultural Relations, 10*, 361-378.

外務省領事局政策課. (2007). 海外在留邦人数調査統計 平成19年最新版. 東京：国立印刷局.

Grotevant, H.D. (1987). Toward a process model of identity formation. *Journal of Adolescent Research, 2*, 203-222.

橋本和典, 西川昌弘, 河野貴子. (1999). E. H. Erikson の集団同一性概念の治療的仮説構成－青年期集団精神療法における有効性の検討. 集団精神療法, 15, 63-72.

橋本和典. (2008). 男性の成熟性－集団同一性から自我同一性の成熟－. 小谷英文（編), ニューサイコセラピー：グローバル社会における安全空間の創成 (pp.65-88). 東京：風行社.

早矢仕彩子. (1997). 外国人就学生の自己認知：自・他文化への態度が適応感に及ぼす影響. 心理学研究, 68, 346-354.

Henderson, S. & Byrne, D.C. (1977). Towards a method for assessing social support systems. *Mental Health and Society, 4*, 164-170.

Hicks, J.E.・有馬道久. (1991). 留学生の異文化適応. 山本多喜二・S. ワップナー（編), 人生移行の発達心理学 (pp.344-359). 京都：北大路書房.

平野惇夫・鈴木元子. (1997). アメリカの大学事情－日本人留学生の視点から－. 研究紀要, 11, 静岡県立大学短期大学部, 31-42.

稲村 博. (1980). 日本人の海外不適応. 東京：放送大学教育振興会.

稲永和豊・土屋直裕・長谷川和夫・近藤喬一. (1965). 米国における日本留学生の生活適応－精神医学的立場よりの考察－. 精神医学, 7, 413-418.

井上果子. (1993). 複数文化を体験した青年の多重アイデンティティ－少数民族の"共有された否認 (shared denial)" について－. 精神分析研究, 37, 85-95.

井上孝代. (2004). これからの社会に求められる異文化間カウンセリング－マク

ロ・カウンセリング」の視点から―．異文化間教育，20，40-55．
岩尾寿美子・萩原　滋．(1977)．在日留学生の対日イメージ(2)：SDプロフィールの検討．慶応義塾大学新聞研究所年報，9，27-72
岩尾寿美子・萩原　滋．(1978)．在日留学生の対日イメージ(3)：滞日期間を伴う変化．慶応義塾大学新聞研究所年報，10，15-29
岩尾寿美子・萩原　滋．(1979)．在日留学生の対日イメージ(5)：パネルスタディ．慶応義塾大学新聞研究所年報，13，21-50
岩尾寿美子・萩原　滋．(1987)．在日留学生の対日イメージ(10)：出身地域，日本語能力による違い．慶応義塾大学新聞研究所年報，29，33-53
岩尾寿美子・萩原　滋．(1988a)．在日留学生の対日イメージ(2)：SDプロフィールの検討．慶応義塾大学新聞研究所年報，30，21-40
岩尾寿美子・萩原　滋．(1988b)．日本で学ぶ留学生―社会心理学的分析．東京：勁草書房
川端美樹．(1994)．自分化中心主義と偏見．渡辺文夫（編著）異文化接触の心理学 (pp. 183-194)．東京：川島書店．
吉　沅洪．(2001)．在中日本人留学生の異文化適応に関する研究―ビリーフ・システムと自我同一性の観点から―．広島国際研究，第7号，広島市立大学国際学部，広島，183-199．
Klein, M.H..Alexander, A.A., Tseng, K-H.., Miller, M.H., Yeh, E-K.., Chu, H-M., & Workneh, F. (1971). The foreign student adaptation program: Social experiences of Asian students. *International Educational and Cultural Exchange*, 6, 77-90.
小谷英文．(1993)．心理力動論：PAS理論の基礎．小谷英文（編著）．ガイダンスとカウンセリング―指導から自己実現への共同作業へ―(pp. 85-103)．東京：北樹出版．
小柳志津．(1999)．オーストラリアにおける日本人留学生の適応．オーストラリア研究，12，33-47．
近藤　裕．(1981)．カルチャー・ショックの心理：異文化と付き合うために．大阪：創元社．
栗原真弓．(2004)．異文化間カウンセリングを実施するうえでの留意点―帰国児童生徒への臨床を通して―．異文化間教育，20，11-19．
黒木雅子．(1996)．異文化論への招待．大阪：朱雀書房．
楠見　孝．(1995)．青年期の認知発達と知識獲得．落合良行・楠見　孝．(編) 講座

生涯発達心理学 4 自己への問い直し．(pp. 57-88)．東京：金子書房．

Laplanch, J. & Pontalis, J. B. (1977). Vocaburalie de la Psychanalyse. 村上仁．(監訳) 精神分析用語辞典．東京：みすず書房．

Lee, R. & Yoo H. (2004). Structure and Measurement of Ethnic Identity for Asian American College Students. *Journal of Counseling psychology*, 52, 263-269.

Marcia, J. (1966). Development and validation of ego-identity status. *Journal of Personality and Social Psychology*, 3, 551-558.

Marcia, J. (1976). Identity Six Years After: Follow-up study. *Journal of Youth and Adolescence*, 5, 145-160.

Marcia, J. (1993). The Status of the Statuses; Research Review. In Marcia, J., Matteson, D., Orlofsky, J., Waterman, A., & Archer, S. (Eds.), *Ego Identity: A Handbook of Psychological Research* (pp. 22-41). New York: Stringer-Verlag.

Marcia, J. (1994). The Empirical Study of Ego Identity. In Bosma, H., Graafsma, T., Grotevant, H., & Letita, D. (Eds.), *Identity and Development: An interdisciplinary approach* (pp. 67-102). London: Thousand Oaks.

宮下一博．(1997)．日本におけるアイデンティティ研究の展望　鑪幹八郎・宮下一博・岡本祐子．(共編)．アイデンティティ研究の展望Ⅳ (pp. 387-452)．京都：ナカニシヤ出版．

宮田貴意子．(1994)．日本人留学生のアメリカのキャンパスライフ．東京家政学院大学紀要，34，東京家政学院大学，東京，137-145．

モイヤー康子．(1987)．心理ストレスの要因と対処の仕方：在日留学生の場合．異文化間教育，1，81-97．

Molliones, J. (1980). Construction of Black consciosness measure: Psychotheraputic implications. *Psychotherapy: Theory, Research and Practice*, 17, 458-462.

文部科学省．(2012)．「日本人の海外留学者数」及び「外国人留学生在籍状況調査」並びに「外国人留学生の10月渡日状況」について．別添1．
http://www.mext.go.jp/b_menu/houdou/24/01/__icsFiles/afieldfile/2012/02/02/1315686_01.pdf

無藤清子．(1979)．「自我同一性地位面接」の検討と大学生の自我同一性．教育心理学研究，27，178-187．

村山満明・山本雅美・小松貴弘・鈴木健一．(1995)．民族アイデンティティに関する研究．鑪幹八郎・宮下一博・岡本祐子．(共編)．アイデンティティ研究の展望Ⅱ．(pp. 128-177)．京都：ナカニシヤ出版．

長井　進．(1986)．日本人交換留学高校生の異文化への適応過程．教育心理学研究，**34**，55-61．

中根千枝．(1972)．適応の条件：日本的連続の思考．東京：講談社現代親書．

延島信也．(1963)．離人症症状を持つ一混血女子の精神療法的研究―特に national identity と identifications conflict の問題をめぐって―．精神分析研究，**10**，5-19．

Oburg, K. (1960). Culture shock: Adjustment to new cultural environment. *Practical Anthropology*, **July-August**, 177-182.

岡本祐子．(1995)．青年期における意志決定　落合良行・楠見　孝（編）講座　生涯発達心理学4　自己への問い直し―青年期（pp.185-220）．東京：金子書房．

Ong, A., Phinney, J., & Dennis, J. (2006). Competence under challenge: Exploring the protective influence of Parental support and ethnic identity in Latino college students. *Joruenal of Adolescence*, **29**, 961-979.

大西　護．(1994)．海外在留邦人の精神医学的問題．こころの臨床ア・ラ・カルト，**13**，42-46．

Parham, T. & Helms, J. (1985). The influence of Black student's racial identity attitudes on preferences of counselor's race. *Journal of Counseling Psychology*, **17**, 187-226.

Phinney, J. S. (1989). Stage of ethnic identity development in minority group adolescents. *Journal of Early Adolescence*, **9**, 34-49.

Phinney, J. S. (1990). Ethnic Identity in Adolescents and Adults: Review of Research. *Psychological Bulletin*, **108**, 499-514.

Phinney, J. S. (1992). The Multigroup Ethnic Identity Measure: A new scale for Use With Diverse Groups. *Journal of Adolescent Research*, **7**, 156-176.

Phinney, J. S. (1993). A Three-stage model of identity development in adolescence. In Ethnic Identity: Formation and Transmission Among Hispanic and Other Minorities (pp.61-79). New York: State University of New York Press.

Phinney, J. S., & Goosens, L. (1996). Identity development in context, *Journal of adolescence*, **19**, 401-403.

Phinney, J. S, Freguson, D., & Tate, J. (1997). Intergroup Attitudes among Ethnic Minority Adolescents: A Casual Model, *Child Development*, **68**, 955-969.

Phinney, J. S. & Ong, A. (2007a). Conceptualization and Measurement of Ethnic Identity: Current Status and Future Directions, *Journal of Counseling Psychology*, **54**, 271-281.

Phinney, J. S., Jacoby, B., & Silva, C. (2007b). Positive intergroup attitudes: The role of ethnic identity. *International Journal of Behavioral Development*, 31, 478-490.

Poyrazli, S. (2003). Ethnic identity and psychosocial adjustment among international students. *Psychological Reports*, 92, 512-514.

Pulkkinen, L & Kokko, K. (2000). Identity Development in Adulthood: A longitudinal Study. *Journal of Research in Personality*, 34, 445-470.

Rice, S., Ruiz, A., & Padilla, M. (1974). Person perception, self-identity, and ethnic group preference in Anglo, Black, and Chicano preschool and third-grade children. *Journal of Cross-Cultural Psychology*, 5, 100-108.

Roberts, R., Phinney, J.S., Masse, L., Chen, L., Roberts, C., Romero, A. (1999). The Structure of ethnic identity of young adolescents from diverse ethnocultural groups. *Journal of Early Adolescence*, 19, 301-322.

Rosenberg, M. (1965). Society and the adolescent self-image. Prinston Univ. Press.

Rosenthal, D. A., Gurney, R. M., & Moore, S. M. (1981). From trust to intimacy: A new inventory for examining Erikson's stages of psychosocial development. *Journal of Youth and Adolescence*, 10, 525-537.

Rosenbaum, M. (1989). Self-Control under stress: The role of learned resourcefulness. *Advances in Behavior of Research and Therapy*, 11, 249-258.

佐藤郡衛．(1999)．国際化と教育：日本の異文化間教育を考える．東京：放送大学教育振興会．

佐野秀樹．(1998) 心理学的異文化理解―日本版カルチャー・アシミレーター作成の試み―．カウンセリング研究，31, 34-42.

白土　悟．(2004)．異文化間カウンセリングの今日的課題．異文化間教育，20, 4-10.

島崎敏樹・高橋　良．(1967)．海外留学生の精神医学的問題（その1）―留学中の精神障害例ことに精神分裂病とうつ病について―，精神医学，9, 20-27.

末広美樹．(2000)．日本人留学生（青年期後期）の異文化体験とアイデンティティ―事例研究より―．大阪大学言語文化学，第9号，大阪大学，大阪，169-188.

杉村和美．(1998)．青年期におけるアイデンティティの形成：関係性の観点かうの捉えなおし．発達心理学研究，9, 44-55.

杉若弘子．(1995)．日常的なセルフ・コントロールの個人差評価に関する研究．心理学研究，66, 167-175.

鈴木　満・立見康彦・太田博昭．(共著編)．(1997)．邦人海外渡航者の精神保健対策

―欧州地域を中心とした活動の記録―.　東京.　信山社.
Sykes, I. & Eden, D. (1985). Transitional stress, social support, and psychological strain. *Journal of Occupational Behaviour*, **6**, 293-298.
Tabachenick, N. (1965). Three psycho-analytic views of identity. *International Journal of Pyscho-Analysis*, **46**, 467-473.
高井次郎. (1989). 在日外国人留学生の研究の総括. 名古屋大学教育学部 紀要：教育心理学科, **36**, 名古屋大学, 愛知, 139-147.
田中共子. (1992a). 在日留学生の対人行動上の困難：異文化適応を促進するための日本のソーシャル・スキルの検討. 社会心理学研究, **7**, 92-101.
田中共子. (1992b). 日本における対人関係面の適応のための異文化間ソーシャル・スキル：異文化環境で在日留学生が用いた対人関係の形勢・維持・発展に関する方略. 広島大学留学生センター紀要, **3**, 広島大学, 広島, 53-73.
田中共子. (1995). 在日外国人留学生による日本人との対人関係の困難に関する原因認知. 学生相談研究, **16**, 23-31.
田中共子. (1998). 在日留学生の異文化適応：ソーシャルサポート・ネットワーク研究の視点から. 教育心理学年報, **37**, 143-152.
谷　冬彦. (2001). 青年期における同一性の感覚の構造―多次元自我同一性尺度（MEIS）の作成―. 教育心理学研究, **49**, 265-273.
鑪　幹八郎. (1984). 同一性概念の広がりと基本構造. 鑪・山本・宮下（共編）. アイデンティティ研究の展望Ⅰ（pp.39-58）. 京都：ナカニシヤ出版.
鑪　幹八郎・山本力・宮下一博（共編）. (1984). アイデンティティ研究の展望Ⅰ. 京都：ナカニシヤ出版.
鑪　幹八郎・宮下一博・岡本祐子（共編）. (1997). アイデンティティ研究の展望Ⅳ.　京都：ナカニシヤ出版.
鑪　幹八郎. (2002). アイデンティティとライフサイクル論. 京都：ナカニシヤ出版.
Taylor, M., Bassili, N., & Aboud, E. (1973). Dimensions of ethnic identity in late adolescents. *Dissertation Abstracts International*, **34** (11-B), 5665.
豊田秀樹. (2007). 共分散構造分析［Amos編］：構造方程式モデリング. 東京：東京図書.
上田宣子. (1977). 異国体験と日本人：比較文化精神医学から. 大阪：創元社.
上原麻子. (1988). 留学生の異文化適応. 広島大学教育学部日本語教育学科・留学生日本語教育, 広島大学, 111-124.
氏原　寛・小川捷之・東山紘久・村瀬孝雄・山中康裕. （共編）. (1992). 心理臨床大

辞典．東京．培風館．

Weisskirch, S. (2005). Ethnicity and perception of being a "typical American" in relationship to ethnic identity development. *International Journal of International Relations*, 29, 355-366.

Wise, T. (2001). 移民における心理的苦悩．現代のエスプリ，412, 146-156.

山本多喜二．(代表)．(1986)．異文化間強への適応に関する環境心理学的研究．昭和61年度 科学研究費補助金研究成果報告書．

山本 力．(1984)．アイデンティティ理論との対話—Eriksonにおける同一性概念の展望—．鑪 幹八郎・山本 力・宮下一博（共編）．アイデンティティ研究の展望Ⅰ (pp.9-38)．京都：ナカニシヤ出版．

山本真理子・松井 豊・山成由紀子．(1982)．認知された自己の諸側面の構造．教育心理学研究，30, 64-68.

山崎瑞樹．(1993)．アジア系留学生の対日態度の形成要因に関する研究．心理学研究，64, 215-223.

山崎瑞樹．(1994)．アジア系就学生の対日イメージ形成に関する因果モデルの検討．教育心理学研究，42, 442-447.

山崎瑞樹・平 直樹・中村俊哉・横山 剛．(1997)．アジア系留学生の対日態度及び対異文化態度形成におけるエスニシティの役割．教育心理学研究，45, 119-128.

Yasui, M., Dorham, C., & Dishion, T. (2004). Ethnic identity and Psychological Adjustment: A validity Analysis for European American and African American Adolescents. *Journal of Adolescent Research*, 19, 807-825.

Yip, T. & Fuligni, A. (2002). Daliy Variation in Ethnic Identity, Ethnic Behaviors, and Psychological Well-Being among American Adolescents of Chinese Descent. *Child Development*, 73, 1557-1572.

横田雅弘．(1997)．青年期における留学のインパクト．文化とこころ—日本人の異文化生活と文化葛藤—，2, 12-16.

初 出 一 覧

　本書における研究の一部は既に刊行中であり，研究2・3・5・7（分析7-1）は以下の論文に基づく．

研究2　　植松晃子．(2004)．日本人留学生の異文化適応の様相：滞在国の対人スキル，民族意識，セルフコントロールに着目して．発達心理学研究，15, 313-323.

研究3・研究7　　植松晃子．(2010)．異文化環境における民族アイデンティティの役割：集団アイデンティティと自我アイデンティティの関係．パーソナリティ研究，19, 25-37.

研究5　　植松晃子．(2009)．異文化における民族アイデンティティの顕在化：日本人留学生を対象とした縦断調査による質的検討．お茶の水女子大学グローバルCOEプログラム公募研究成果論文集，4, 45-53.

Abstract

Given the increasing number of Japanese residents abroad, research has gradually focused on cultural transition and adjustment, as well as cross-cultural mental health programs. According to reports from Japanese students living abroad, they are likely to experience maladjustment to their host country. The purpose of this study is to explore what factors constitute the mental health of Japanese adolescents residing in other countries.

Identity is a central facet of the adolescents' development. The theory about the relationship between group and ego identity (Erikson, 1959) is used as a frame of reference in this concept. Ethnic identity is an aspect of group identity, and it is focused upon in cross-cultural situations. Many studies reveal that ethnic identity is an important factor for minority adolescents. Therefore, this study investigated the role of ethnic identity in the cross-cultural context of Japanese students living abroad.

There are three hypotheses in this research: (1) ethnic identity would become salient in a cross-cultural situation and function as group identity, (2) ethnic identity would support the sense of ego identity in a cross-cultural situation, and (3) ethnic identity would support the sense of cultural adjustment.

I conducted seven studies in order to investigate these hypotheses. In the first study, a cultural adjustment scale for Japanese students abroad was made. The second study found that ethnic identity was related to cultural adjustment, among another factors. Additionally, the third study showed the theoretical validity of ethnic identity measure (MEIM; Phinney,

1992) for Japanese adolescents, and it found ethnic identity defined by two components ("exploration to clarify one's ethnicity" and "affirmation and belonging to one's ethnic group").

The fourth and fifth studies were conducted based on hypothesis 1. In the fourth, two components of ethnic identity were significantly higher among Japanese adolescents living abroad compared to adolescents in Japan. Ethnic identity was more likely to become salient in cross-cultural situations. Two analyses were carried out in the fifth study. In analysis 5-1, longitudinal interviews about ethnic issues were conducted with 25 Japanese exchange students. This showed their ethnic identity more clearly than before they went abroad. Analysis 5-2 revealed that Japanese students who explore their ethnicity more regarded it as part of their own unique background, influencing their sense of values, thinking, and behavior in cross-cultural situations. These results suggest that their ethnic identity would be likely to function as group identity when living in another country.

The sixth study also carried out two analyses to investigate the second hypothesis. Regarding the relationship between ethnic and ego identities, analysis 6-1 found that, statistically, ethnic identity "exploration" positively predicted a sense of ego identity. On the other hand, ethnic identity "affirmation/belonging" predicted it negatively. To clarify the relationship between ethnic identity "affirmation/belonging" and ego identity, analysis 6-2 was conducted. The results showed that ethnic identity would have a role in defending ego identity against negative cross-cultural experiences. This suggests that ethnic identity "affirmation/belonging" predicted a sense of ego identity negatively because of this role.

To examine the third hypothesis, three analyses were conducted in the

Abstract   199

seventh study. Analysis 7-1 investigated the role model of ethnic identity for a sense of cultural adjustment, including the relationship between ethnic and ego identities. Path analysis suggested two components of ethnic identity ("exploration" and "affirmation/belonging") predicted the sense of cultural adjustment through ego identity as an intervening variable. In analysis 7-2, the result of structural equation modeling suggested that this role model had goodness of fit. Analysis 7-3 examined the validity of this role model using the same scales between Japanese adolescents living abroad and those in Japan. These results indicated the validity of the role model of ethnic identity in both groups, even though the effects of "exploration" and "affirmation/belonging" were defferent between them.

These studies suggest that the role of ethnic identity in cross-cultural contexts is as follows. (1) Ethnic identity could become salient in a cross-cultural situation and function as group identity. (2) Ethnic identity "exploration" was important when living in another culture. Trying to understand one's own ethnicity would create a clear sense of one's background, and for that reason, it would also support a sense of ego identity. (3) In contrast, ethnic identity "affirmation/belonging" would play a defensive role against the weakening of one's ego identity and culture shock. Therefore, it predicted a negative ego identity and sense of cultural adjustment. (4) Structurally, ethnic identity could support a feeling of cultural adjustment mediated by ego identity.

Further research concerning this role model construction is needed to build on the findings of this study. It is also necessary to examine the factors as they relate to individual differences and investigate ethnic identity development in the context of the relationship between group and ego identities.

謝　辞

　本書は2009年4月にお茶の水女子大学大学院人間文化研究科に提出し，2010年9月に博士（人文科学）の学位を授与された博士論文に基づいている。
　本稿の完成までには，長い年月の中で多くの方にご指導，ご協力をいただいた。
　まずは調査に協力してくださった日本人留学生の皆様に心よりの御礼を申し上げたい。様々な大学の日本人学生会（Japanese Student Association），日本人コミュニティの代表者やメンバーの皆様には，忙しい生活の中で貴重な時間を提供していただいた。留学前から1年に渡る留学生活を通して調査に協力してくださった交換留学生の皆様，また調査に協力してくださった国内の大学生の皆様に感謝申し上げる。皆様との出会いが，異文化接触時の心理について研究を続ける気持ちを支えてくれた。
　主査のお茶の水女子大学名誉教授の内田伸子先生には，大学院博士課程からお世話になり，懇切丁寧にご指導をいただいた。研究者としての基礎は，全て先生から学んだといっても過言ではない。出来のわるい学生であった私に最期まで忍耐強く熱意をもってご教授くださり，心から感謝申し上げる。
　奈良女子大学の伊藤美奈子教授には，大学院入学時より変わらず暖かいご指導をいただくことができた。大学院進学を目指すきっかけになったのは，先生の「個人志向性・社会志向性」に関する一連の論文を拝見したためである。臨床心理士として学校臨床に携わりながら，調査研究に取り組んでいらっしゃるお姿は憧れであった。いつも貴重なご助言をいただき，厚くお礼申し上げる。
　審査過程では，お茶の水女子大学の内藤俊史教授，坂元章教授，菅原ますみ教授に，多くの貴重なコメントをいただいた。この研究が博士論文として

の形を成すところまでに至ったのは，審査会のたびに，常に率直でポジティブなご助言をいただけたからである。先生方のご厚意に対し，ここに記して御礼を申し上げたい。

　また，内田研究室の皆様には，先輩から後輩まで多くの方々に支えていただいた。博士課程の途中で研究室を移る事情から不安の塊になっていた私に，初めに声をかけ仲間として受け入れてくださった大神優子氏，李美靜氏，大宮明子氏，瀬戸美幸氏，石田有理氏に感謝申し上げたい。代々受け継がれていた「D論を書き上げるために」という諸先輩方からのメッセージをはじめとして，優秀でサポーティブな研究室の文化があった。打開策が見つかるのはいつも公式，非公式のゼミの場であった。ここに名前を挙げきれない皆様にも，深く感謝申し上げる。

　研究5・6の実施にあたっては，お茶の水女子大学のグローバルCOEプログラム「格差センシティブな人間発達科学の創成」公募研究（平成19年度）の助成を受けた。また本書の出版にあたっては，独立行政法人日本学術振興会平成26年度科学研究費助成事業（科学研究費補助金）（研究成果公開促進費：No. 265190）の交付を受けた。出版においては，風間書房社長風間敬子氏に見積もりの段階から様々なご助言をいただいた。また編集の古谷千晶氏には丁寧な校正作業をいただいた。両氏に感謝の意を表する。

　最後に，長らく学生を続けていた私を心配しつつも信じて見守ってくれていた両親と，研究の手伝いまでしてくれた弟，なかなか会えないときでも電話やメールで励ましてくれた親戚の皆様，帰国するたびに研究の意義についていつも励ましてくれた江澤美紀さん，留学経験もありジャーナリストとして貴重な意見をくれた上野きよりさん，そしてここに書ききれないが当時の私を支えてくれていた友人達に心から感謝したい。

2015年1月

植松晃子

著者略歴

植松晃子（うえまつ　あきこ）

博士（人文科学）・臨床心理士

1998年　明治学院大学文学部心理学科　卒業
2001年　お茶の水女子大学大学院人間文化研究科発達社会科学専攻
　　　　博士前期課程　修了
2009年　お茶の水女子大学大学院人間文化研究科人間発達科学専攻
　　　　博士後期課程　単位取得退学
現　在　ルーテル学院大学総合人間学部臨床心理コース　准教授

異文化接触における民族アイデンティティの役割
―自我アイデンティティとの関連から―

2015年2月20日　初版第1刷発行

著　者　　植　松　晃　子
発行者　　風　間　敬　子
発行所　　株式会社　風　間　書　房
〒101-0051　東京都千代田区神田神保町1-34
電話 03(3291)5729　FAX 03(3291)5757
振替 00110-5-1853

印刷　太平印刷社　　製本　高地製本所

©2015 Akiko Uematsu　　　　　　　NDC分類：140
ISBN978-4-7599-2065-9　Printed in Japan

JCOPY 〈(社)出版者著作権管理機構 委託出版物〉
本書の無断複写は、著作権法上での例外を除き禁じられています。複写される場合はそのつど事前に(社)出版者著作権管理機構（電話 03-3513-6969、FAX 03-3513-6979、e-mail: info@jcopy.or.jp）の許諾を得て下さい。